京に残した忘れ物

京のいたずらっ子、世界を駆ける
教育協力専門家・半生記

大隅紀和

文藝春秋
企画出版部

愛梨咲と千咲、
煌太と佑太、
そして、久美子に

京の下町に生まれ、育った。
その「いたずらっ子」気質が、
国際的に通用する（科学）教育専門家への道を歩ませた……。

京に残した忘れ物 ◉ 目次

2部

十八才の出発

3部　大阪から京都に、そして東京へ

4部 欧米一人歩き、アジア体験

※各部の扉に置いた「19才のいたずら書き」のイラストは、いずれも著者が十九才のとき、前途を暗中模索し悶々とするなかで描いたもの。
※本文中の写真はすべて著者が提供。

はしがき

人は八十を越える人生を振り返るとき、どれくらいの事を思い出すのだろうか……。私は齢《よわい》八十まで生きてきたが、銭金《ぜにかね》の財産は無い。あるのは京の下町に生まれ育った思い出だけである。

高校を卒業し大阪に出て、一度は京にUターン。結婚後、東京に十二年の単身赴任をした。待っていたのは、当時は途上国と言われる国々の苛烈な現場で、その多くは、たった一人で取り組む現地活動だった。

東京の後、徳島県の鳴門で十年、阪神淡路大震災の一九九五（平成七）年に京都に戻った。そして、その八年後、六十三才で定年退職して和歌山県に近い大阪府泉佐野市の田園に居住。もはや京の町なかに住むことはない。

東京にいた頃から海外に出る機会が増えたが、その異国での日々を支えたのは、京に育った思い出を振り返ることだった。それで本書のタイトルを「京に残した忘れ物」とした。

本書は主に、四十五才で東京から鳴門に移動するまでの人生の前半を記している。京の町で、戦後のできたての民主教育を受けた一年生である。手さぐり時代に育った「おっちょこちょい」の「いたずらっ子」で、少しばかり型破りの日々だった。

京の町に生まれ育ったら、学校を出れば家業につく。あるいは、実直に会社勤めをしたあと、余生は京の町で落ち着いて過ごすというのが、伝統的な京の常識である。大過なく定年退職すれば、ネクタイを外し背広は脱いで着物姿になる。そして謡曲などの習い事を始める。夕食後は、一人で木屋町《きやまち》か先斗町《ぽんとちょう》の行きつけのバーで優雅な夜を過ごす。それが京の大人というものである。

だが、私は違った。

幼児期は病弱だったのに、生来の好奇心を発揮して先生に手を焼かせた。世に出ると、目の前の仕事に夢中になった。意図したことではなかったが、いつのまにか国際的に通用する教育専門家の道を歩んでいた。「目次」をご覧になると、その概略を知っていただけると思う。

国際的な科学教育の専門家とは何か、少し触れておきたい。

国内だけでなく国際組織、たとえば国連の教育科学文化機関（ユネスコ）や相手国の関係機関などからの要請を受け、ただちに行動する教育者である。厳しい環境下でも必要な支援活動に取り組む知識、経験、ノウハウを持つ人材をいう。

具体的には、現地の関係者の理解と協力のもとで、研究集会やプロジェクト計画を提案し実施する。目指す内容は、世界の動向と今日の科学技術の進展を配慮した効果的なプログラムである。現地の事情に応じて機材の調達、実験の準備を行ない、教育の現状に革新的なインパクトをもたらすことを目的とする。

小・中・高校や大学の教員、あるいは子どもや生徒たち、さらに広く教育関係者や保護者たちの要望に対応して、必要な計画を実施する。その実施事例は国際会議で通用し、論文として発表できるレベルであることを目指す。そうした取り組みをする人材である。


こうしたことは私自身が心得としてきて、八十才を越えてもなお、ユネスコから履歴書の提出を求められ上級専門家を務める私の仕事の原点である。三十代後半にクアラルンプールでのユネスコの国際研究集会に参加したのが皮切りになった。

当時は、国際的な教育協力や教育開発活動の教科書は無かった。また先生もいなかった。私は、そんな時代から手さぐりで取り組む汗まみれの現地活動を行なった。先生は、訪れた現地の生々しい状況そのものだった。その現場から一つひとつを謙虚に学ぶことから始めるしかなかった。だから先駆者《パイオニア》の一人と言える。

したがって、本書は専門家向けのテキストではなく、日本の戦後教育で育った「いたずらっ子」がたどった半生記である。

本書にこめた思いを、今日の日本でとても恵まれた日々を過ごしている子どもや孫たちだけではなく、これから大きな夢ある未来を生きる若い世代の人たち、グローバルに活躍しようとする若い世代にも伝えたい、と思っている。

1部　京生まれの「いたずらっ子」

一九四〇（昭和十五）年、誕生から
一九五二（昭和二十七）年、十二才頃まで
チビで色の黒い、ひどい喘息で苦しむ幼児だった。
食べるものは無い時代だった。
それでも、ぼんやり夢見る日もあった。

19才のいたずら書き１　犬と河童

1章 京の松原通、夢心地の日々

いま、幼い頃の記憶をたどろうとしても、深い霧のなかを手さぐりするようで、まるで頼りない。

たどろうとしている道は知らないし、方向もわからない。それでも両手を伸ばして何か手がかりをつかもうとする。そんな思いがする幼い頃だった……。

1 松原通は四条と五条の間

京の町の通りは、東西南北の碁盤の目である。

東西の通りの代表格は四条通。そこに髙島屋、大丸などのデパートがある。この目抜き通りは、東山の山並みの祇園八坂《やさか》神社から始まり西に向かう。

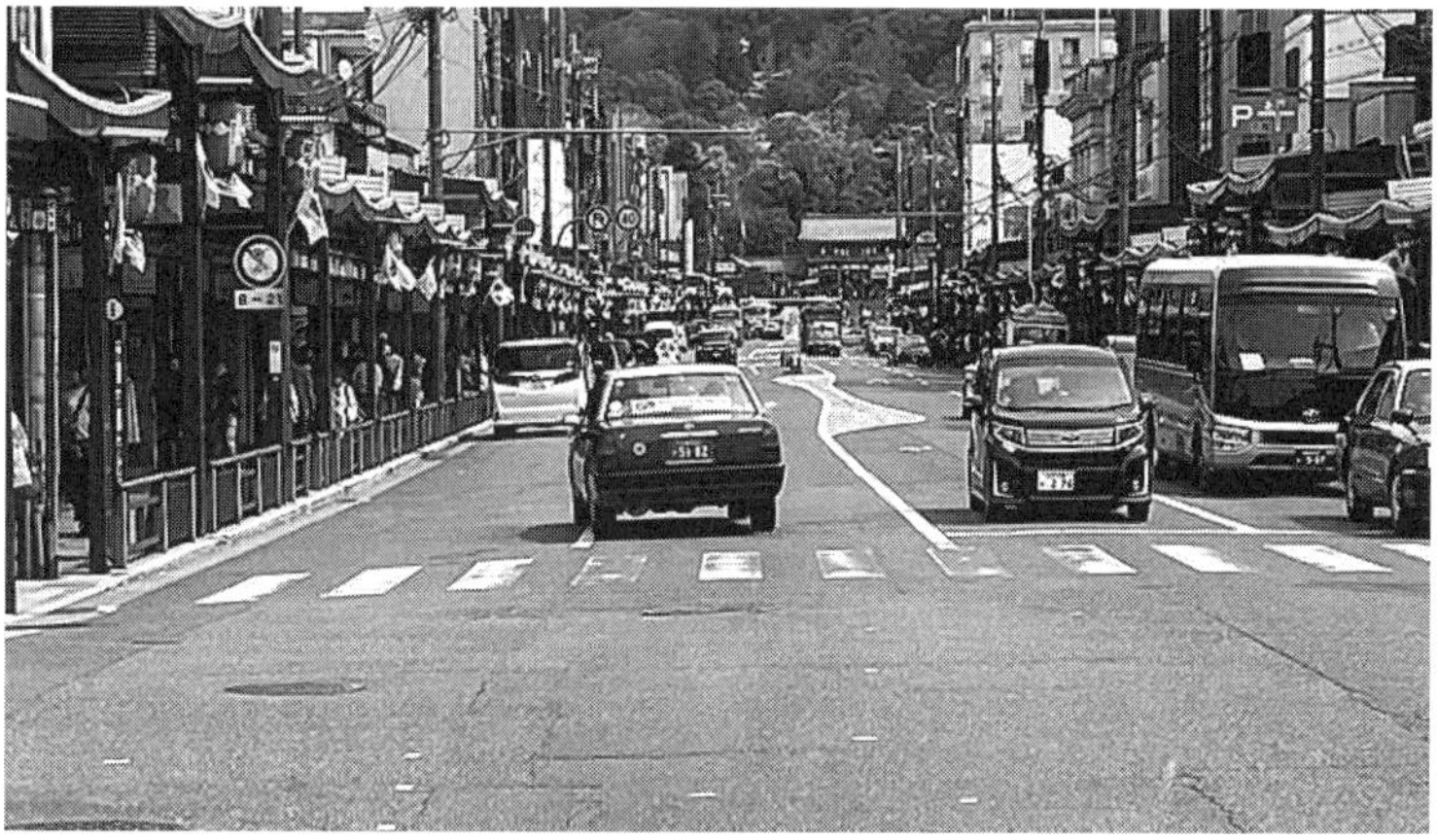

写真１　四条通の祇園近辺
四条通の突き当たりに祇園の八坂神社（正面奥）がある。左（北）に折れると知恩院、百万遍、京都大学方面に、右（南）に折れると清水寺、五条通、今熊野方面に向かう（2024 年 4 月撮影）。

祇園八坂神社の石段下から四条通を西に進むと、左手に南座を見て鴨川を渡る。やがて木屋町通で、すぐに河原町通を越える。

四条通には百貨店のほか、両側に老舗の商店や銀行が並び、七月に祇園祭の山鉾《やまぼこ》が建つ。さらに西に進むと、烏丸《からすま》通を過ぎ堀川通。ここでは左にも右にも車が行き交う。

堀川通を過ぎると、嵐山方面に向かう「嵐《らん》電《でん》」の名で知られる京福《けいふく》電鉄嵐山本線の四条大宮駅がある。地下は阪急電車の大宮駅である。

この地点に、珍しく右前に斜めに進む後院《こういん》通がある。これを進むと、市交通局（元は市電）の壬生《みぶ》車庫を越えて千本《せんぼん》通に入り、ＪＲ（昔は国鉄だった）の二条駅に向かう。

後院通を無視して四条通をそのまま西に進むと、西院《さいいん》（地下に阪急西院駅、地上に京福電鉄西院《さい》駅がある）で西大路《にしおおじ》を越え、天神川を通過

地図① 京都市中心部

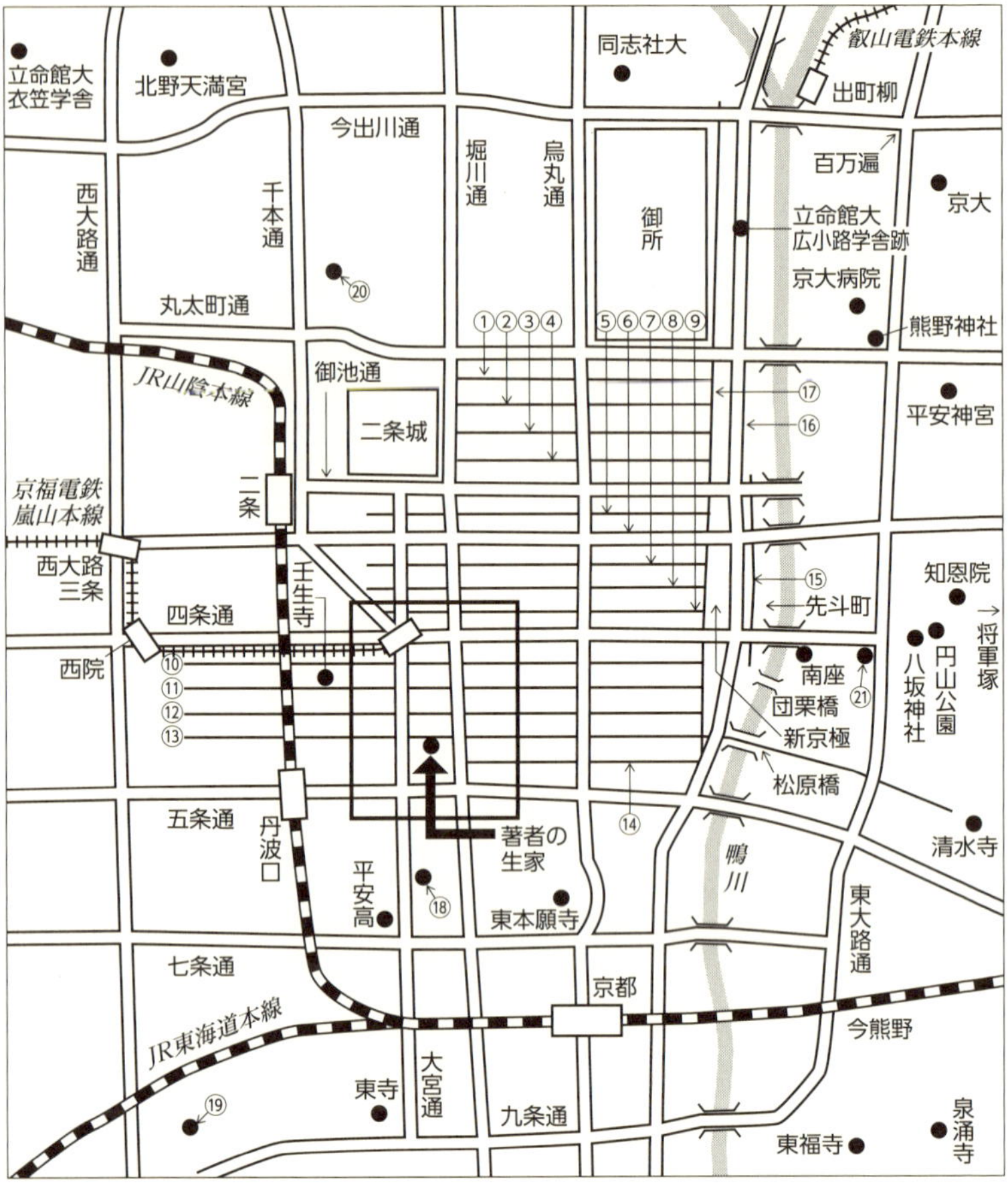

①竹屋町通、②夷川(えびすがわ)通、③二条通、④押小路(おしこうじ)通、⑤姉小路通、

⑥三条通、⑦六角通、⑧蛸薬師(たこやくし)通、⑨錦(にしき)小路通、⑩綾小路通、

⑪仏光寺通、⑫高辻通、⑬松原通、⑭万寿寺通、⑮木屋町通、⑯河原町通、⑰寺町通、

⑱淳風小跡、⑲洛陽高跡、⑳出水小跡、㉑八百文跡

●鉄道は、JRの新幹線と地下路線を省略

●太枠で四角に囲んだ所は、地図②に拡大して示した

地図② 著者の生家周辺

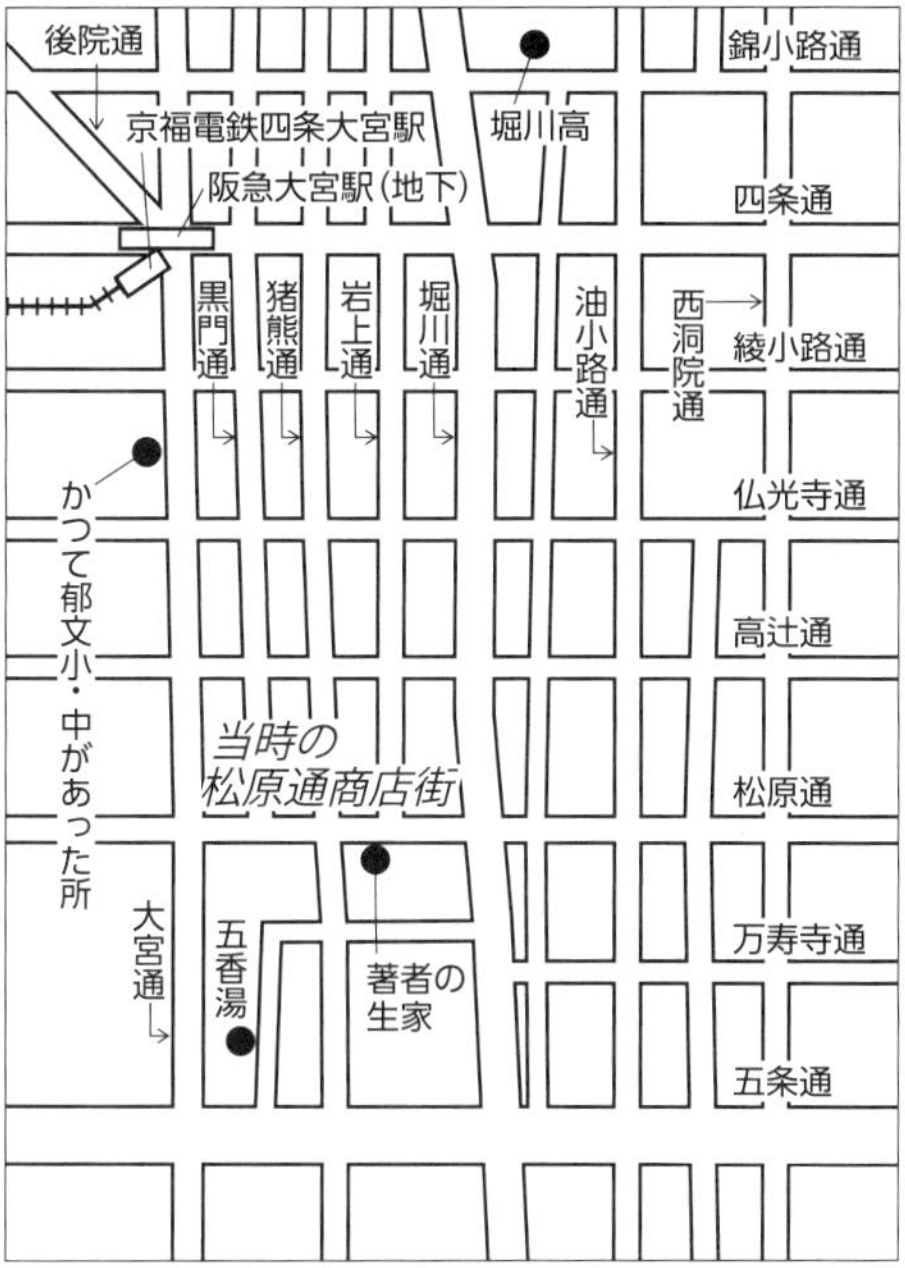

して、右手に嵐山を見て桂川を渡り、松尾大社に行き着く。

私が生まれ育ったのは、この四条通から南に四本目の、細い松原通である。

京のわらべ歌は、東西に走る通りを北から南に詠み込んで「丸竹夷二押御《まるたけえびすにおしお》池《いけ》、姉三六角蛸錦《あねさんろっかくたこにしき》」、そして「四綾仏《しあやぶっ》高松万五条《たかまつまんごじょう》」と続く（地図①参照）。その「松」の松原通である。

四条通からは綾小路《あやのこうじ》通、仏光寺《ぶっこうじ》通、高辻通で、その次が松原通。続いて万《まん》寿寺《じゅじ》通があって、大通りの五条になる。

＊

市電が走る大宮通から松原通を東に向かうと、右手（南側）に間口二間、奥に細長い小さな「大隅電機店」がある。私はその木造二階建ての家で生まれ、松原通で育った。通りは、道幅が子ども三人が手をつないで横に広がると手の先が北側の店と南側の店に届くほど。幅四メートルくらいのアスファルトの舗装道路である。

家を出ると、左（西）の大宮通、右（東）の堀川通までそれぞれ百メートル少し。堀川通の近くに三野《みつの》の氷屋の三野温子《はるこ》が、反対に大宮通の近くには浅井ガラス店の浅井敬一がいる。大声を出せば、この二人の同級生に聞こえそうな距離である。両側には小さな商店が軒を連ねている。

私の家の向かいは、うちの三倍ほどの間口の和漢薬店の龍さん。ひと抱えを超える大きな球体の蜂の巣があり、陽の良く当たる引き違いのガラス戸の向こうに陳列してある。足を踏み入れると、強い薬草の匂いがする。おばあさんが調合する和漢薬の評判が良く、遠くからでもお客さんがあった。

西隣は、上品な久保のおばさんが一人で切り盛りする「桃太郎」の看板の下駄屋さんである。

2　向こう三軒両隣、そしてご近所さんのこと

家の前に出て、大宮通に向かって左側（南側）を見ながら歩くと……。

下駄屋さんの隣が竹内の傘屋さん、猪熊《いのくま》通の角に丸真マート。この角に電話ボックスが見える。西の角は橋本理髪店で、続いて堀の米穀屋さん。夏に来客があるときビールを買いに走る森田の酒屋、鍋を持って買いに行く神田の豆腐屋、大友《だいとも》は魚と乾物の店、同級生の浅井敬一のガ

写真２　現在の大宮通松原
ここに「大宮松原」の電停があった。昭和の頃、大宮通には盛んに市電が行き交っていた。いま車が走っている大宮通の左先（北側）は四条大宮。信号機のある所で交差している道が松原通。交差点の向かい側角の木造家屋は、元は食堂「桔梗屋」だった。

ラス屋。

浅井の先の大きな間口のしもたやは、同級生の芝野弘の本家。そして市電が走る大宮通に出る。そのまま西に進むと、すぐの所に同級生の浅野晃一郎の駄菓子屋がある。彼のおやじ浅野喜市さんは、京の町の四季の写真集を出版する写真家である。

市電が走る大宮通で折り返し、松原通を東に戻る。今度は左側（北側）の角が桔梗屋さん。たまに注文する出前の丼やうどんが美味しかった。

時計屋があって、その隣は同級生の中野一夫の駄菓子屋。左手から来る黒門通はここで行き止まり。角に、小さいながらお風呂屋さんの寿湯《ことぶきゆ》。大晦日《おおみそか》には一年の垢を落とし、正月二日の初湯もこの銭湯である。

黒門通を北に少し入ると、東側に同級生の田中靖夫の洋服仕立屋さんがある。

いつの頃からだったか夕方に、寿湯の横手に紙芝居のおじさんが自転車でやってくるようになった。無料見《ただみ》は追っ払われ、五円か十円出すと割り箸の先に水飴をつけてくれる。それをなめながら「黄金バット」に手に汗を握った。

＊

松原通に戻ると服部の家具屋さん。鉛筆一本、ノート一冊を買いに行った米田の文具屋。続いて片岡の肉屋さんがあって、兵《ひょう》さんの薬局、並木の菓子屋さん、小遣いをにぎって書棚を見に行った小坂さんの青雲堂書店、角は池田時計店で猪熊通に出る。

猪熊通で左折れして北に向かうと、学業も運動も優れた健康優良児と言われた大西千鶴恵がいる。その少し先に、体格が良くて走りの速い奥村平八郎、そして木造三階建てに住む坊ちゃん育ちの永井真由《まさよし》がいる。

松原通に戻って東に進むと、ねじり鉢巻き姿のオヤジさんがT型ハンドルのオート三輪で市場から運んだ果物や野菜を荷卸しする久世岩の八百屋さん。オート三輪はキック式スターターで、なかなかエンジンがかからない代物だったが、松原通では車はこれだけである。私より年下で店の手伝いをする女の子と、その弟がいた。その隣が毛糸屋のラクダ屋さん。

ここまで戻ってくると、ちょうど私の家の向かいになる。前に記したように家の向かいは、遠くからお客さんが来る和漢薬店の龍さん。一学年上の一彰さんと、お姉さんの隆子さんがいる。和漢薬店の奥に漆喰《しっくい》造りの大きな蔵があって、ゲンノショウコやセンブリなど、さまざまな和漢薬の倉庫。その薄暗い蔵は私たち子どもの遊び場の一つである。

和漢薬店の隣に細長い路地がある。背の低い木戸を開けて路地を十メートルほど進むと、共同井戸と三軒長屋。その一軒に同級生の西口雅義がいる。

路地の次は大きなしもたや、そして吉田のあられ屋、田中の雨合羽屋、SY洋装店で、左手から来る岩上《いわがみ》通が行き止まりとなる。岩上通には同い年の菱田佳一、西崎照一、その先に、あだ名が「珍念さん」の中村俊彦がいる。

松原通に戻ると、角に赤い郵便ポストがある河村のパン屋。ここに一学年下の女の子がいる。続いて、やはり一学年下の聿宏《のぶひろ》君がいる足立メリヤス店、同級生の岩並清子のノコギリ目立て屋、松浦食器店、中井の糸屋で広い堀川通に出る。

足立聿宏は、後にハワイ大学で修士を取得して関西外国語大学の教授になる人物である。

*

堀川通でUターン。左手（南側）を見ながら戻ってくる。一学年上の長谷川圭介の家がある。ここでボードゲームの野球盤で遊ぶことが多かった。

すぐ「きぬ川」の暖簾《のれん》がかかる食堂がある。細い路地の入り口をやり過ごすと、前にも触れた三野の氷屋さん。夏はイチゴやレモンのかき氷を出前してくれる。豪華なのは山盛りの宇治金時である。この氷屋さんは、冬は大きな釜を二つ据えて豪快に芋を焼く。分厚くて大きな焼き芋はホクホクで美味しい。

次に洋服店があって、一学年上の近藤妙子がいる老舗《しにせ》の近藤すだれ店。彼女の名前は逆さまから「こえた、うどんこ」と読める。そう呼んで冷やかすと、追いかけてくる。

続いて一学年上の子がいた樋口の玉子屋、「あっちゃん」がいた野村の呉服店。近所で評判の成績が良い三学年上の「正ちゃん」がいる辰村の衣装箱屋、川村洋服店、そして同年の西尾喜久子の西尾商店で私の小さな電機店に戻る。

＊

こう書くと、松原通に限っただけでも、浅井、中野、西口、岩並、三野、そして隣の西尾喜久子、それに私と、小学校で同級生だった子どもたちが七人いた。私はここで生まれ、そして二十才《はたち》を過ぎる頃まで過ごした。

松原通に七人いた小学校の同級生のうち、今も住んでいるのは浅井敬一の一人となった。彼は堀川高校から同志社大学に進んだ。合唱団「京都エコー」の指揮で名を上げ、国際的に知られるようになった（編集部注：現在は浅井敬壹と名乗る）。

いま、目を閉じると……。

幼少期の近所の人たちが、古いアルバムのセピア色の写真から飛び出す絵本のように抜け出し、一人ひとりが近づいてきて、「紀《のり》ちゃん元気か?」と声をかけてくるような気がする。

3　家から清水寺まで歩く

家の前の細い舗装道路。それをずっと東の端まで歩くと、東山山麓の清水寺《きよみずでら》に行き着く。京に生まれた人、あるいは京を訪れる観光客も知らないことである。

これは小学五年生の頃に、一人歩きして発見したのだった。家から出て、ひたすら東に向かって歩く。いくつもの南北に走る道を越える。まずは堀川通、次が狭軌のチンチン電車が国鉄京都駅まで走る西洞院《にしのとういん》通である。

その先にも、市電が走る広い烏丸通、もっと東に進むと、また市電が走る河原町通。それを越えると高瀬川に続いて、川幅の広い鴨川に出る。ここに松原橋が架かっている。

それまでの狭い町家の通りは、この松原橋のあたりでパッと左右に視界が広がる。左（北側）に抜きん出た比叡山。続いて大文字山《だいもんじやま》の「大」の文字が見える。東山三十六峰がのびのびと横たわり、右手（南側）遠くは、泉涌寺《せんにゅうじ》、東福寺、稲荷山へと連なっている。

*

写真３　松原橋から見た鴨川の流れ
正面奥に見えるのは比叡山、右に大文字山、東山連峰が続く。左端の橋は団栗橋。その先に四条大橋がある。鴨川の東岸を走る道（川端通）に沿って、東山連峰を背に、左奥の南座からぎっしり建物が立ち並ぶ（2024 年４月撮影）。

この鴨川に架かる松原橋こそ、牛若丸と弁慶の出会いの舞台になった橋である。松原通は、以前は五条大路と呼ばれていた。

これをはっきり知ったのは、ずっと後に読んだ柏井壽《ひさし》著『京都の通りを歩いて愉しむ』（ＰＨＰ新書、二〇一九年刊）によってである。

もっとも、牛若丸と弁慶の京人形のような石像は、車の往来が絶えない国道一号線の五条通に置かれている。

清水寺に行き着くには、その由緒ある松原橋を渡り直進する。やがて、また市電が左右に走る東山《ひがしやま》通（現・東大路《ひがしおおじ》通）に出る。その電車道を渡って両側に土産物屋がひしめいている狭い坂を登ると、清水寺の門前である。

松原通堀川西の私の家を出てから、小学生の足で小一時間かかる。

4　母の背で夢心地

母の背におんぶされて何度も松原通を行き来したのは、幼い頃のことだった。私をおんぶした母は、堀川の橋を渡って東に歩き続ける。たいていは西洞院通を走るチンチン電車に乗って、京都駅に向かう。

戦時中のこと、京都の町は食糧が極端に乏しくなっていた。母は何度も、奈良で農家を営んでいる実家に米や野菜をもらいに行った。京都駅から奈良電（現・近鉄）に乗って行く、橿原《かしはら》神宮が近い新口村《にのくち》である（編集部注：奈良電の駅名表記は新ノ口）。

新口村は近松門左衛門の浄瑠璃「冥途《めいど》の飛脚」の主人公・忠兵衛の故郷で、実家に行くには忠兵衛と相方の遊女・梅川の供養碑がある善福寺の前を通る。私も母に連れられて何度も行き来した。

実家の姓は福本と言い、おじいさんと、とても優しいおばあさんがいた。私は、広い和室でラジオの浪曲を聴くおじいさんの横で寝た。

母の弟の清さん夫婦には愛子、勝己、勝信、洋子の四人の子どもがいて、五才の私には勝信と洋子が年下になる。年が同じくらいの勝信とはよくケンカもした。清さんが勝信と私をお風呂に入れて、痩せた私の身体を洗ってくれた。

大きな屋敷には牛小屋があって、夜、月明かりを頼りに中庭に出て便所に行くと、牛の目がギラッと光る。それが怖かった。

ここには二、三週間くらい預けられる。母が私を迎えにきて京都に帰るとき、背中に米や芋などを背負った。両手にも、持ちきれないほどの野菜である。京都駅から乗るチンチン電車を西洞院松原で下りると、母と一緒に松原通の家まで歩いた。

母と私が渡る堀川に架かる橋は欄干のある鉄製で、人や自転車や荷車も自由に行き来できた。その橋の西側に立派な作りの公衆トイレがあって、大勢の人が行き来した。

堀川は幅五メートル、深さ二メートルほどの掘割で、両側の石積みには雑草が繁っている。水が流れる川幅は子どもが両手を広げたくらい。流れる水は、背の高い雑草でよく見えないが西陣の友禅染の洗い水で、ゆっくりとした黒い色の流れである。

＊

母におんぶされて松原通を行き来した忘れられない夜もあった。

小学一年生や二年生の頃、一学期に一度は、風邪をひくと決まって小児喘息《ぜんそく》で苦しんだ。はじめは風邪だと思って寝ていても、発作が起こると呼吸が苦しくなって、とうてい布団に入ってはいられない。起き上がって、身体を丸めて布団の上に座る。舟を漕ぐように身体を前後に動かして、「ゼーゼー」と喉から音を出す。汗を流し懸命に呼吸する。とてもつらいことだった。

とくに初秋から冬の間は、ひどかった。

家から近い猪熊通にまだ芳村医院が無い頃で、冬の夜だった。母が喘息の発作に苦しむ私をおんぶ紐で背負い、上からねんねこを着せた。人通りの途絶えた寒い夜の松原通を歩いた。夜空には月が輝いていた。母の背中のぬくもりで喘息の苦しさが少し楽になったような気がした。

母はひたすら松原通を東に歩いた。西洞院通を越え、烏丸通まで来て、市電道の手前で少し北に進む。そこに藤村医院があった。両開きのガラスの入ったドアは閉まっていたが、母は根気よくドアをたたいた。ようやく明かりが灯って、男の先生が扉を開いて私たちを招き入れた。白衣の先生が私の胸に冷たい聴診器を当てて、腕に痛い注射をした。水薬を受け取って、家に帰る母の背中におんぶしてもらった。

やがて楽になってきて、母の背で眠った。大きくて暖かな母の背中は、気持ちの良いゆりかごだった。

母は、いくつもの素人療法を試みた。ガーゼに塩を入れて喉に巻きつけるのもその一つだった。その後、母は私の不摂生をただすとき、「お前は、烏丸通の藤村先生に助けてもらったことがあったんだよー」と繰り返し話した。

5　四才の写真——一九四四（昭和十九）年の初冬

小学校に入る前の写真は、たった一枚。四才のとき、母と一緒に撮った写真が残っているだけである。

私の長兄、やがて二十才になる芳男兄は、鳥取県米子《よなご》の海軍美保《みほ》航空隊の予科練にいた。その兄の写真で見る七つボタンの白い制服姿は、とても格好よく見える。

母と二人で米子に慰問に行くことになって、兄に渡す写真を用意した。私と母の写真は大宮通の写真館で撮った。私は一九四〇年の生まれだから、この写真を撮ったのは終戦のおよそ一年半前、一九四四年の初冬のことになる。

写真の私は、暖かそうなボア襟のついた水玉模様のハーフコートを着て立っている。坊ちゃん刈りと言われた頭、それにふっくらした顔、くりくりの目玉で口を結んでカメラを見つめている。

深刻な食糧難の頃だったに違いないが、もともと太り気味の母は別としても、この写真の私はまだ痩せていないし、お腹をすかせているようにも見えない。

父はこの写真を撮る二年前に病死したので、私は父の顔は仏壇の上に掲げられた遺影でしか知らない。父が亡くなったとき母には、十八才の芳男兄を頭《かしら》に、一番下で二才になる私を入れ

写真４　筆者の４才の頃の写真
母と一緒に撮った唯一の幼児のときの写真。米子の海軍美保航空隊にいた芳男兄を慰問する際、持って行った。

写真５　予科練の制服を着た芳男兄
長兄の芳男兄が米子の海軍美保航空隊にいた19才の頃のもの。

た男の子四人と、女の子一人が残された。

その母が私と一緒に和服姿で収まった、穏やかな表情の写真である。

6　芳男兄が遺骨で帰ってきた――五才の夏の終わり

一九四五（昭和二十）年の八月が終わろうとする頃だった。

その日、私は松原通の家にいた。アスファルトの通りは、強い太陽の日差しを受けて柔らかくなり、歩いた下駄の跡形が残った。五才だった私はカンカン照りの日差しを避けて、家の軒先でぼんやり通りを見ていた。

松原通に人通りは絶えていた。その光る道に、一人の兵隊姿の男が猪熊通から現れた。首にかけた白い布の箱、それを胸の前に両手で抱えていた。道路には陽炎《かげろう》がゆれている。そのなかを兵隊服の男が近づいてきた。

なんだろうと思っているうちに私の前に来て、私の顔を見ると「大隅芳男さんの家はここですか？」と尋ねるではないか！

私は口がきけなかった。ただ「うん」と頷くと、すぐに「おかあちゃん」と奥にいる母を呼んだ。母が出てきて、その白い箱のなかが芳男兄の遺骨だと聞くと、兵隊姿の男から白い布の箱を奪うように受け取って抱きしめた。すぐに父の仏壇の前に運んで突っ伏した。

母の長い時間の慟哭《どうこく》がひと通り納まると、兵隊さんが事情を話したようだった。遺骨とともに届けられた革の飛行帽、飛行メガネが戦死した兄の遺品だった。この二つは私の幼児期のほとんど唯一の玩具になった。

そうして家の前の松原通は、夢見る通りの原点となった。

＊

この少し前、八月十五日に家のラジオで終戦の玉音《ぎょくおん》放送を聞いた。そのときも、母は長い間、仏壇の前で泣き崩れていた。私の五才の夏は、母の涙の夏だった。

母の涙ながらの話では、二十一才になっていた芳男兄は、母と二人で慰問に行った鳥取県米子の海軍美保航空隊から、特攻隊つまり神風特別攻撃隊の出撃基地だった福岡の築城《ついき》海軍航空隊に移った。そして終戦の一週間前、八月七日明け方の米軍の爆撃で戦死したのだった。

だが、五才の私のおぼろげな記憶は、まだ続く……。

しばらくして、母は私を背負って終戦後間もない買い出し列車で、京都駅から九州の築城海軍航空隊に向かった。

母と私は、座るところも無い買い出しの人々で満員の列車に詰め込まれた。とてつもなく長い時間の旅だった。覚えているのは、長い列車が関門トンネルの暗い下り坂を進んだこと。そのトンネルのなかにポツン、またポツンと明かりが灯っていた。夢を見ているようで、いったいどこに行くのだろうと不安だったことを思い出す。

芳男兄は「健康優良児に選ばれた」と母が自慢する息子だった。それが若くして戦死した。母には何とも耐え難いことで、軍隊の関係者に、せめて自分の恨みと嘆きのありったけをぶちまけたかったのだろう。

当時は、食べる物も着る物も無かった。父が亡くなる前に始めた小さな電機屋は、売る物は無く、買いにくる人も無い。店は閉めたと同然だった。

母は満員の買い出し列車で往復するだけの旅費を持っていたのだろうか。どんな工面をしたのだろうか。九州に往復する間の母と私の寝食をどうしたのだろうか……。

7 「新憲法發布の日」の写真

小学一年生までの写真は四才のときのものを含め二枚しかない。

そのもう一枚は、終戦の翌年の一九四六（昭和二十一）年十一月の憲法発布の日の学級写真である。

その日の朝、京の町に前夜から降った雨は止んでいた。

この年の四月、私は四条大宮近くの京都市立郁文《いくぶん》小学校（編集部注：正式には当時は小学校ではなく国民学校と呼んだ）に入学した、と思う。というのは、入学式の記憶も写真も残ってい

写真６　憲法発布記念日の学級写真
ここから戦後の民主教育が始まった。看板に記されている通り、終戦の翌年、1946 年 11 月３日に撮影。京都市立郁文小学校「一年イ組」、筆者は前列の右から２人目。３人目と５人目の子は裸足である。当日は前夜からの雨で路面は濡れていて寒かった。冷たくても裸足で登校するしかなかった。２年生から男女共学になった。

ないからである。そのあと授業があったのか無かったのか、それさえも定かではない。覚えているのは、新聞紙のような印刷物を自分の手でハサミを使って切って、ひもで綴じて教科書にしたことくらいである。

ただ、その十一月三日のことは鮮明に思い出す。前夜の雨は上がっていたけれど、道路には水たまりがあった。

明日は学校で何か写真の撮影があると知った母は、隣の下駄屋「桃太郎」で新しい草履を買ってくれた。「写真を撮るのだから、せめてそれを履いて行きなさい」と言われた。

新品の草履の白い鼻緒がとても窮屈で、足の指が痛くて仕方なかった。それでも我慢して松原通を西に歩いた。市電が走る大宮通に出て、学校がある北に向かって歩いた。

雨上がりの水たまりを避けながら歩いたけれど、しだいに足の指が痛くなる。途中で白い鼻緒を引っ張って伸ばしたりした。そのたびにそっと足を入れて、なんとか学校まで歩いた。

＊

いま残っている写真は絵はがきサイズで、セピア色になっている。装飾のある立派な鉄筋校舎を背景に、地面の石のタイルが濡れて写っている。

みんなの背後に、太い筆で横書きした「新憲法發布の日」の看板がある。その文字の下に「1946.11.3」と、横書きで算用数字が手書きしてある。「発布」が「發布」と旧漢字で書かれていて、いかにも終戦直後のことである。先生たちも新しい時代への切り換えを急いでいたことが窺える。

その看板の下に三段に並んだ男の子たち。にこやかな顔は無い。みんな栄養失調の痩せて不機嫌な表情で写真機をにらんでいる。前列の中央には、国民服にメガネの痩せた校長先生。左に首をやや傾け、何か物悲しい表情の女学生にも見える橋本先生。その足元の白い靴下が目立っている。

この二人の先生の左に六人、右に八人の男の子がいる。そのうち裸足《はだし》が二人いる。私は前列右端から二番目で、椅子に座って、母に買ってもらったばかりの白い鼻緒の草履を履いている。

次の年の春、二年生の学級写真は男女が半々で、男女共学になった。

三年生から大宮通花屋町の淳風小学校に通った。郁文小学校が中学校に衣替えしたため、元郁文小学校の子どもたちが淳風小学校に移り、元からの淳風の子どもたちと一緒になって三学級になった。

友だちは松原通に加えて、猪熊通の大西千鶴恵、その先の奥村平八郎、永井真由、それに黒門通の榎真賛尚《えのきまさなお》、加藤吉男などが増えた。家から出て大宮通の市電道で一緒になる。同級生の今川富美江がいる染色糊の製造を盛大に営む家の前を通って学校に向かう。そんな友だちの一人がした「昨日、バナナを食べた」という話はとても羨ましかった。

私は「三年は組」で、担任は河村宣子先生だった。元郁文校の芝野弘は級長となって、卒業するまで、元から淳風校の矢追康子と級長を続けた。

＊

その六十年後。二〇〇七（平成十九）年三月、郁文中学校は学校統合のため閉校となった。閉校を記念して『郁文：輝ける138年のあゆみ』と題した冊子を京都市教育委員会が刊行している。このA4判、百六ページの記念誌には、生徒数の変化や歴代の学校長、教職員名など、かなり詳細な経緯が記してある。学校劇の脚本と演出で名の知られた白波瀬《しらはせ》道雄先生の名はある。校長は辻本延二先生の名も出ている。

しかし、いくら探しても憲法発布記念日の「一年イ組」の写真に写っている女の橋本先生の名前が見当たらない。次の年、二年生で男女共学のクラスになった。私は二年ロ組で、伊藤という名のメガネをかけた男の先生が担任だった。そのクラス写真が古いアルバムにある。屋上で天体観測をしてくれた江上賢三先生の名前も見つからない。

閉校記念誌の編集には大変な努力が必要だったに違いない。しかし終戦直後の混乱のためだろうと思われるが、橋本先生と伊藤先生のお名前は、写真を貼り付けたアルバムに私が自分で記入している幼稚な文字で残っているだけである。

2章 松原通にお嫁さんが来た！

一九五〇（昭和二十五）年。

この年、京都では、夏に金閣寺が僧侶の放火で全焼、秋に国鉄京都駅の駅舎も全焼した。その一方、美空ひばりが「東京キッド」を歌い、京都在住だった山本富士子が第一回ミス日本に選ばれて話題になった。

私は十才、淳風小学校の五年生。担任は河村宣子先生から吉田治子先生に変わって、東南の角に残っていた木造校舎から鉄筋校舎に移った。

そして、十三才上の郁男兄に、お嫁さんのマーちゃんが来た年だった。一人いた姉が病死し、すぐ上の弘和兄は家出していたので、わが家は母と兄と私の三人暮らしだった。そのわが家が明るくなった。松原通が商店街らしくなって、にぎわいはじめる頃である。私の手さぐりの記憶も、この頃のことになると、深い霧が消えて行くように身の周りのことを思い出すことができる。

1　松原通、小さな家の電機店

松原通堀川を西に入ってすぐ、南側にあるわが家は、前述したように間口が狭い。けれど奥行きは、ぐんと深い。京の町家に多い「うなぎの寝床」である。

表通りに面して木造の母屋の二階建て。奥に中庭があって、その奥には離れの二階建てがある。

中庭を間に挟んでいるので、離れには表の松原通の喧騒は聞こえてこない。この建屋の後ろが堀川警察署の瀟洒《しょうしゃ》な署長官舎である。離れは、まるで隠れ家である。

中庭の植木は少なく、見上げると青空が広がる。晴れた日には、母屋の一階と二階の和室にたっぷりの陽が当たる。中庭は洗濯物を干すのにも都合がよい。母は和服をほどいて、何枚も洗い張り板を広げることがあった。

中庭の片側に、離れに行き来する小屋根が続く。その片流れの小屋根の下が、この家の心臓部である。まず飯炊きのかまどがある。京で言う「おくどさん」の二釜分が、燃料の薪入れと一体になって三和土《たたき》に据えてある。釣瓶《つるべ》式の井戸があって、それは間もなく手押しポンプに、やがてモーターで汲み上げる方式になった。

この家に京都市の水道が来るのはずっと後の、私が高校生になる頃である。その後、四条大宮が終点だった阪急電車が、四条河原町まで地下の延長工事をした時期に水脈が切れ、井戸水が出なくなった。

小屋根の下にタイル張りの流し台が置いてある。ここで米をとぎ、食材を調理する。通路の土間に七輪《しちりん》を出して煮炊きもする。木の盥《たらい》を出せば洗濯場にもなる。そのそばで朝の洗顔もする。壁に小さな鏡があって、郁男兄がひげそりをする。夏場はここで行水《ぎょうずい》もする。

水場に続くのがトイレ、続いて餅つきの臼《うす》や杵《きね》を入れている片開きの板戸の物置、そして離れの入り口になる。

母屋と離れの行き来には、中庭の棕櫚《しゅろ》や山茶花《さざんか》などを横目にしながら、下駄履きのまま片屋根の下を歩く。よほどの吹き降りでなければ雨に濡れることはない。

中庭と通路の間には、子どもの背丈ほどの杉の焼き板の区切り塀がある。互い違いに杉板を打ちつけた簡単な塀だが、風通しが良くて、雨も防ぐことができる。ここに夏は、あさがおが咲いていたし、冬は雪が積もることがあった。

*

表の松原通に面した店は、元はたばこ屋だったらしい。通りから見ると、左側にガラス板のショーウィンドウがあり、そのなかの木製の陳列台に、わずかな数の電球や乾電池がむき出しで置かれている。

店に足を踏み入れると、足元がコンクリの十畳間ほどで、客に応対する作り付けのカウンター、持ち込まれるアイロンやラジオの修理をする木の作業台がある。商品を並べるスペースは狭く、両手を広げて少しの余裕があるくらいだ。夏も冬も店は開けっ放しである。夜、店を閉める際、それまで松原通に出していた自転車を入れると、人が一人通れるだけのスペースしかない。奥に片開きの戸があって、次の板の間と通路に続いている。

店の奥の戸を開けると、通路が奥に続いていて、右手に六畳ほどの板の間がある。この板の間で家族がちゃぶ台を出して食事をする。その下には郁男兄がシャベルで掘った防空壕が残っている。

履物を脱いで板の間に上がる。壁の一面に作り付けの木の引き戸があって、引き戸のなかは押し入れ。左端の引き戸を開けると、二階に登る隠し階段がある。

板の間で食事をしていると、ガラス戸越しに店の来客が見える。板の間の奥は襖《ふすま》で仕切られた六畳の和室。母のタンスと父の仏壇がある。仏壇の上に父の遺影が掲げられている。

この和室は、私と母が布団を敷いて床につく寝室を兼ねている。朝と夕に母は、仏壇に「おっぱん」と言っていたお供えご飯を置いて、線香をあげて般若心経《はんにゃしんぎょう》を欠かすことがない。

和室のガラス入り障子から中庭が見える。障子を開くと縁側で、母の古い鏡台がある。風雨の強い日は、縁側の板の雨戸を閉めた。

食事をする板の間にある引き戸の左端を引いて、二階への階段をあがる。小さな踊り場があって、その左右に和室がある。松原通に面した和室の大きな窓からは、右（東）に堀川、その先には東山連峰が見える。左（西）は大宮通、北に広がる家並みの波また波のような瓦屋根が一望できる。

郁男兄は、二階のもう一つの和室、中庭に面した八畳間で寝起きしていた。この部屋の縁側に出ると、南の空が広がっていて気持ちが良かった。目の下に中庭と二階建ての離れが見える。

＊

松原通に面した五枚の板戸を開けることから、朝が始まる。

敷居台から外した板戸は、中庭に抜ける通路に立てかける。板戸の敷居台にしていた角材も運び入れる。

松原通に面したガラスのショーウィンドウを覆っていたトタン板も、木の敷居台と同じように取り入れる。これで店を開いたことになる。

夜、通りの商店が店を閉める頃、それらを一つずつ運び出して戸締りをする。これを明けても暮れても繰り返す日々である。

そんな家にお嫁さんのマーちゃんが来た。

2　はじめて乗った自動車

一九五〇（昭和二十五）年五月。

松原通は小学四年生頃に商店街らしくなってきた。病死した父が戦前に始めた小さな電機店は、かろうじて続いていた。

春の晴れた日、母が中庭で一階と二階の和室の障子の張り替えをした。それで一挙に新鮮な気分になった。それは、わが家に郁男兄のお嫁さんを迎える準備の一つだった。

＊

五月《さつき》晴れの日、私は生まれてはじめて自動車に乗った。

狭い松原通に三台の彌榮《やさか》自動車が来た。

制服・制帽の運転手がドアを開けてくれて、小学五年生の私は助手席に座った。後ろに和服の母、そして花婿のモーニング姿の郁男兄だった。これに続く二台に、遠方から来た父方と母方の親戚が乗った。

兄は私の父親代わりなので、いつも何かと厳しかった。だけどこの日は、ふだん苦虫をかみつぶしているかのような表情の兄が、とてもにこやかだった。

三台の黒塗りのハイヤーは、大勢の近所の人たちが見守るなかをゆっくりと松原通を進んで、祇園八坂神社近くの式場に向かった。ハイヤーの座席はふかふかだった。

結婚式と披露宴が済んで、松原通の家の前に花嫁さんと兄が乗った車が止まった。また大勢の近所の人たちが集まってきた。花嫁さんが車から降りると、その人たちから歓声があがった。

お嫁さんは、仲人《なこうど》のおばさんに手を引かれて狭い店のなかを歩いた。和服のおばさんは、私に気づくとにっこり微笑んだ。式場では気がつかなかった。なんとわが電機店が貸しているモーターの集金先の大村のおばさんである。半年ほど前に集金に行ったとき、郁男兄のことをいろいろと尋ねて、お菓子やお茶を出してくれた大村のおばさんだった。

文金《ぶんきん》島田の花嫁さんは、狭い店を通って、先に兄が入っていた和室にあがると、仏壇の前に座って白い小さい手を合わせた。

花嫁さんは親戚の人たちへの挨拶が済むと、隣の下駄屋「桃太郎」の久保のおばさん、続いて向かいの龍さんの和漢薬店に入った。店を切り盛りしている小柄なお婆さんが、顔いっぱいの笑顔で花嫁さんを送り出してくれた。

「和子」と書いて「まさこ」と読む。ふだんは「マーちゃん」と呼ぶらしい。マーちゃんは私のひと回り上の二十二才、郁男兄は二十三才になる。

家のなかに花が咲いたような毎日になって、ぐんと明るくなった。毎日が楽しくなった。食べるものも着るものも、わずかながら良くなってきていた。時代は終戦から五年が過ぎていた。

お嫁さんのマーちゃんは、わが家に春を持ってきてくれた。

3　兄の新婚旅行を見送る

郁男兄とお嫁さんは結婚式の後、親戚のみなさんにひと通り丁寧な挨拶をした。お嫁さんは兄と狭い階段を二階に上がって、しばらくして化粧の少ない可愛い顔にスーツ姿で現れた。

兄は新調したボストンバッグを手に、二人は新婚旅行に出かける。行き先は和歌山の南紀白浜《しらはま》である。国鉄京都駅から大阪の天王寺に行き、そこで一泊。特急に乗って二泊三日の旅行である。

せっかく家に来たお嫁さんが、すぐに留守になることが残念だった。母に言って旅行に行く二人を見送ることにした。

いつになく嬉しそうな兄は、母や親戚の人たちに見送られて松原通を東に向かった。花嫁さんはその二、三歩後をついて行く。兄が手をつないであげたら良いのにと思った。

この二人とは少し離れて、目立たないようについて行った。堀川を渡り西洞院通のチンチン電車の停留所まで来た。二人は私がついてきたのに驚いた様子だった。兄は「もう、ここまでで良いから家に帰れ」と命じた。

チンチン電車は、車体を船のように上下に揺らしながら走ってきた。

小さな電車に乗った花嫁さんが、電車が走り出すと窓から手を振ってくれた。電車が五条を過ぎて小さくなるまで見送って、家に帰ることにした。

*

二人が出かけて、親戚の人たちも帰ってしまうと、母と二人になった。

なんだか淋しい夕食だった。母と相談して、お嫁さんを「マーちゃん」と呼ぶことにした。

母が「二階は兄とお嫁さんが使う場所だから、これからは行かないように」と注意した。

だけど、その翌日、私は学校から帰ると、母が店でお客さんと話している間に、こっそり二階に行った。

「ミシ、ミシ」と木の階段は少し音が出る。それを気にしながら、薄暗く狭い階段を上がって行った。胸がドキドキした。

とても良い香りがしてきて、なんだか気分がときめくようだった。お嫁さんの嫁入り道具は、二階の踊り場と二人が居間に使う二つの和室に置いてあった。

大きく左右に広げた衣桁《いこう》に、金糸銀糸の裾模様の華やかな刺繍《ししゅう》がある留め袖が飾ってある。これには目を見張った。何とも美しいものだった。はじめて経験する匂いが広がっていた。

一週間ほど前、松原通に飾り立てたトラックが来た。嫁入り道具を専門に運ぶ菊水の車で、マーちゃんの嫁入り道具はそれが積んできたのだった。

大きな長持《ながもち》、立派な和箪笥《わだんす》と洋服箪笥がある。綺麗な模様の布の覆いを取ると、ぴかぴかの足踏みミシンだった。

細かな玉絞りの赤い布を取ると、はじめて見る三面鏡台。いくつもの化粧品がある。母の古い鏡台は、ほとんど空になったハンドクリームと椿油があるだけである。

ミシンと鏡台など、できるだけ元通りに覆いをして、早めに階段を降りた。それまで家の匂いは、山積みのダンボール箱、古電球と乾電池、油汚れの工具類、修理に持ち込まれた真空管ラジオ、分解掃除の必要な扇風機とそのグリス油などのものだった。

新婚旅行から帰ってきたお嫁さんは、私に白浜の柚子最中《ゆずもなか》をお土産に買ってきてくれた。はじめて「マーちゃん、ありがとう」と言ってみた。小さい柚子最中は、とても甘くて美味しかった。

4　兄とマーちゃんの結婚話

郁男兄の結婚には、私だけが知っている話がある。

東西の松原通、その一つ北は高辻通である。高辻通は南北に西洞院通が交わる。この地点を東に入ると、南側に大村さんの家がある。わが電機店で貸し出しているモーターの賃料を、月末に私が集金しに行く。その集金先の一つである。

その大村さんの家に行ったとき、前記のようにおばさんが椅子を出してきて、私に家のことや郁男兄のことを尋ねた。私は母から聞いている話を思い出しながら、おばさんの質問に一つひとつ答えた。わが家にお嫁さんのマーちゃんが来る半年ほど前のことだった。

＊

郁男兄は、京都で難関と言われる第一工業学校の電気科を卒業。その後は関西配電（現・関西電力）に入社して、鞍馬口《くらまぐち》変電所に勤務している。夜勤もある変則的な勤めだったが、病弱な私と違って風邪一つ引かない。大きくて丈夫な体つきをしている。休日は、店に持ち込まれる夏は扇風機、冬はコタツ、それに真空管ラジオなどの修理をする。

とても几帳面《きちょうめん》で、店の掃除や表の通りへの水撒《ま》き、それに自転車磨きなどを私に命じた。少しでも手を抜くと、箸の上げ下ろしや下駄の脱ぎ方まで注意された。

この兄の下に私より七才上の弘和兄がいた。しかし終戦直前の混乱期のこと、弘和兄を大事にしてくれていた堀川高等女学校に通っていた姉が、父親の後を追うように急に病死した。そんなことから家出して、その後は何をしているのかわからない。

弘和兄は、思わぬときに何の報せもなく家に舞い戻ってくる。帰ってくると短い滞在の間に、真面目《まじめ》で世間体を気にする郁男兄と衝突して、家のなかが不穏な雰囲気になる。わが家の爆弾だった。私はハラハラして大柄な二人を見守るだけである。

母は、小さな店を切り盛りしただけでなく、近所の呉服屋さんから頼まれる和服の仕立ての内職もしている。

そんな話を、大村のおばさんが出してくれたお菓子を食べながら話した。

＊

大村のおばさんが、私に家のことや郁男兄の働きぶりを尋ねたのには、わけがあった。マーちゃんの兄さんも郁男兄と同じ関西配電の社員で、国鉄京都駅前の京都支店に事務職で勤務している。もう一つ共通するのは、マーちゃんのお父さんは交通事故で亡くなっていて、母親が男一人女三人の子を育ててきたことだった。

マーちゃんの旧姓は木村という。実家は東山の泉涌寺近く、市電の今熊野《いまくまの》の電停で降りて、東に坂道を歩いてすぐだった。モーターを借りてくれている大村のおばさんは、マーちゃんと同じ町内で育って、幼い頃から木村の家族とは顔見知りだった。おばさんは月末にモーター代の集金に来る私を見て、自分の実家近くの木村の家族のこと、マーちゃんのことを思い出したのだった。

マーちゃんの実家の木村の家と親戚になって、私の世界は広がった。木村の家の裏手通りに木村の親戚の川崎さんの家があって、私と同じ年頃の子ども二人が新しい友だちになった。夏休みに、その家に泊めてもらって裏手の泉涌寺の森でカブト虫を捕った。一緒に過ごした夏休みは、とても楽しいものになった。

5　マーちゃんの行水

ピチ、ピチと水の跳ねる音がしている。

白桃のような肌のうえで手桶でかけた湯が跳ねている。マーちゃんが行水しているところだった。

たまたま離れの自分の部屋に行こうとして、その後ろ姿に出くわした。見てはいけないものを見てしまった、と思った。すぐに体を隠したけれど、もっと見ていたい気もした。母の行水なら何ともなかったが、心臓がドキドキした。

春に嫁入りしたマーちゃんが、来てまだ半年も経たない頃である。その後はマーちゃんが行水をする時間には、店番だけすることにした。

＊

わが家では手押しポンプで汲む井戸水が豊富で、夏はスイカを冷やすほか、行水に使うと決まっていた。

夕刻が近くなると小学五年生の私は、まだ陽が射し込む中庭に出る。土間に一人では扱いにくい直径一メートルはある木の盥《たらい》を用意する。懸命に手押しホンプを使って、盥にバケツで汲んだ井戸水を入れる。大人が座っても腰から上に湯があるように、水はたっぷりにする。井戸水を温めるのには手製のヒーターを使う。電気工事用の陶器の碍管《がいかん》のなかに電熱器のニクロム線を入れた投げ込みヒーターである。それを水に入れプラグを差し込む。しばらくすると、ヒーター近くから泡が出てきて、湯沸かしが始まる。それを確認すると、頃合いをみてヒーターのプラグを抜く。そして湯加減をみる。これが夏の夕刻の私の日課である。

*

その日はマーちゃんが行水する姿に出くわしてびっくりした。夕食のときマーちゃんは、何事もなかったかのような顔つきだったので、私はホッとした。夕食のあと、マーちゃんが「実は自転車に乗れないので……」と、自転車の乗り方を教えて欲しいと言い出した。マーちゃんは、学校時代に障害物競走（ハードル）の選手をしていたと聞いていたから、自転車くらいは乗れると思っていたが、そうではなかった。

外は夏の夕暮れで、まだ薄明るさが残る松原通に自転車を出した。人通りは少なくなっていて都合が良かった。

マーちゃんは夕食の片づけをした後、半ズボンに運動靴で出てきた。私はマーちゃんを自転車のサドルに座らせ、後ろの荷台をしっかり持った。いきなりペダルを踏むところから始めた。

家の前から、松原通を西に進む。すぐに猪熊通で左折れ。次の角が万寿寺通。そこでも左折れする。やがて堀川通に出て、堀川警察署の前を過ぎると、松原通に戻って、わが家の前に到着する。

私は後ろの荷台をしっかり握って、小走りに進んだ。しばらく走ると、調子をみながら、ときどきは両手を少し放してみた。

その短い一周だけで、もう自転車の乗り方のコツがわかったようだった。次は逆回りをして、右折れコースを走った。

すると、もう自分一人で乗れるようだと言う。あとは自転車が倒れたときの起こし方くらいを練習すればよい。こうして、人通りの少ない夕方の二、三日の練習だけで乗れるようになった。あっけなく終わってしまったけれど、本当はもっと手助けしたかった。

6 美空ひばりの映画「とんぼ返り道中」——大宮通七条の映画館「宝座」

笛にうかれて　逆立ちすれば
山が見えます　ふるさとの
わたしゃ孤児《みなしご》　街道ぐらし～～

映画「とんぼ返り道中」の主題歌「越後獅子の唄」（作詞：西條八十《やそ》）より

この美空ひばりの唄は、小学五年生から六年生の頃に自然に覚えた一つである。

郁男兄は、小学生の私から見ても真面目な堅物である。

*

兄には休日は無かった。たとえ日曜でも、父が残した小さな電機店を維持することに取り組んでいる。私が手伝えるのは、せいぜい自転車磨きと店先の水撒きくらいである。マーちゃんは、お腹が大きくなりはじめていて、母が少しは歩くほうが安産になると、散歩を勧めていた。

その日は、節分の壬生寺《みぶでら》のカンデンデン（後述）が終わってすぐだった。私は春には六年生になる。午後から休みだった兄が、マーちゃんと一緒に私も映画に連れて行ってくれることになった。

松原通から、歩いて大宮通の市電道に出る。南に向かうと、五条通を過ぎた花屋町近くに、三年生から通学する淳風小学校がある。家から十五分ほどかかる。

学校を過ぎてそのまま進むと、右手（西側）に小学六年生の夏に高校野球で優勝する平安高校（現・龍谷大学付属平安高校）がある。そのすぐ先、七条《しちじょう》通を越えた東に映画館の「宝座」があった。

最初に観た映画は、学校の体育館の床に座って集団で鑑賞した「鐘の鳴る丘」だったが、映画館は、これがはじめてである。われを忘れて画面にのめり込んでしまう感覚を味わった。これが映画好きになるきっかけだった。

宝座で上映していたのは美空ひばりの「とんぼ返り道中」で、ひばりは越後の角兵衛獅子の男の子役だった。川田晴久（昭和を代表する俳優、歌手、コメディアン）も出ていた。ひばりたち孤児が親方にいじめられる場面は「越後獅子の唄」とともに憶えている。

宝座の行き帰りは、兄とマーちゃんが新婚旅行に行くとき西洞院松原の電停までついて行ったことを思い出させた。

7 出産迫るマーちゃんを自転車で

お嫁さんのマーちゃんが来た次の年、私が四月から六年生になる早春だった。出産を間近にしていたマーちゃんは、東山通の熊野神社の近くにある京都大学病院で診察を受けていた。

その日、学校から帰ってくると陣痛の兆候が始まっていた。兄は出産に備えて会社を休み、朝からマーちゃんを病院に運ぶ車を探したらしい。しかし、その頃の京の町には、タクシーもハイヤーも、とても少なかった。

仕方なく兄は「自転車で運ぶ」と言う。自転車の荷台に座布団を敷いて大きなお腹のマーちゃんを乗せ、病院に行くことになった。私にも「自転車で付き添うように」と母が命じた。もちろん私は気がかりだったから、言われなくてもついて行く。

マーちゃんが自転車に乗れるようになってから買った婦人用自転車がある。それに乗って兄の自転車の後を追いかけた。

＊

家からは、すぐに市電道の大宮通に出る。それを北に進み、四条大宮の交差点で東に向かう。行く手に東山の山並みが見える。市電のレールを避けて、兄とマーちゃんの乗った自転車について走る。

家は下京《しもぎょう》の四条大宮近く、病院は東山通の熊野神社に近い京都大学病院である。南北の堀川通、そして烏丸通を過ぎる。左（北）に大丸百貨店、やがて右（南）に髙島屋で河原町通を越える。その先に南座が見えてきて、鴨川を渡ると八坂神社の赤い西楼門が近づいて、祇園石段下である。

そこで東山通を左折れして北に向かう。郁男兄は先を急ぐ様子で、休憩なしで自転車をこいで走り続ける。私も汗を流しながら懸命に自転車のペダルを踏んだ。

右手（東側）の知恩院《ちおんいん》を過ぎると、京都から大津に通じている京阪《けいはん》電鉄京津《けいしん》線の踏み切りを渡る。夏に泳ぎにくる平安神宮前の疎水を右手に見る。この辺りからゆるやかな登り坂となって、自転車を漕ぎ続けていると息苦しくなってくる。

それでも前を行くマーちゃんの乗った自転車から離れないように頑張り続ける。丸太町の交差点に熊野神社がある。これを越えると病院はまもなくだった。

＊

一週間後、マーちゃんが四月一日に生まれた男の子と一緒に松原通の家に戻ってきた。まるまると太った赤ちゃんだった。

母の希望で、戦死した一番上の芳男兄の一字を取って芳博と名付けた。これでわが家は五人家族となって、にぎやかになった。

二年半の後、私が郁文中学校二年生のクリスマスに、マーちゃんは二人目の男の子を前と同じ京都大学病院で出産した。このときはマーちゃんを自転車で運ぶことはなかった。京の町には、タクシーが盛んに走りはじめていた。

この年、二月にＮＨＫがテレビ放送を開始した。小さな電機店にもナショナルのテレビが来た。松原通で電気洗濯機の街頭宣伝をした年でもあった。

3章 空に三角旗はためく歳末大売り出し

松原通は、私にはゆりかごだった。

家を出ると、左（西）に大宮通、右（東）に堀川通が見える。

狭い通りながら、あおぐ空は長く伸びている。

そのゆりかごとなった空と通りには、忘れられない音や彩りがあった。

1　松原通に響いた江州音頭

「え〜みなえ〜さまたのみます〜」と始まる。

と、続いて、「さても、この場のみなさんえ〜」となる。

それが、しばらくすると、「よいと、よいやまっか、どっこいさのせー」と、大きな合いの手の囃子《はやし》が入る。

その夏、京の松原通に江州音頭《ごうしゅう》が響き渡った。江州とは昔の近江国で、現在の滋賀県である。

＊

京都の松原通は、市内を東西にほそぼそと貫いている。繁華な四条通と物流の大動脈である五条通の間で、目立たない通りである。

その狭い通りの商店街に江州音頭の名調子が響いたのは、郁男兄にお嫁さんのマーちゃんが来た年からである。

私より十三才上の兄は、近所の人たちと一緒に盆踊りの櫓《やぐら》を組んだ。それに晴れがましい紅白の布を巻き付け、いくつもの提灯《ちょうちん》をぶらさげ、電球を入れた。舞台の上にアンプとマイクを置き、スピーカーの音量を慎重にチェックした。

松原通に夕闇が迫ると、櫓はいくつもの提灯が輝いて明るくなる。その舞台の上でマイクを手にしているのは、なんと向かいの和漢薬店の小柄なお婆さん。毎朝、曲がった腰に箒《ほうき》を持って、店の前のアスファルト道を危なっかしく掃除する姿を見ている。ところが櫓の舞台のお婆さんは、堂々としていて一流の歌い手に見えた。素晴らしく良い声である。

母からは、この人は琵琶湖の湖西の堅田《かたた》生まれで、生粋の江州育ちだと聞いていた。

夕暮れの早い時刻には、櫓の周りの踊りの輪は十数人くらいの子どもや大人だった。それが、夕食が終わって日が暮れる頃には、ずいぶんと細長く踊り手の人数が増えている。スピーカーから流れる江州音頭を聞きつけた人たちが集まってくる。うちわを片手に夕涼みをかねて見物していた人も、見よう見まねで踊り出す。

和漢薬店のお婆さんの名調子は続く。それどころか、途中で代わりの音頭取りが飛び入りして休憩したあとは、また一段と名調子になる。

櫓にいる兄は、マイクの音量の調節などに忙しそうにしている。それでも家に飛び込んできて汗を拭き、マーちゃんが用意した冷えた麦茶を飲むと、また櫓に登る。

二日目、三日目になると、評判を聞いて遠くの人が踊りに来る。こうして松原通の江州音頭は夜更けまで続いた。

2　三味線の音が流れていた路地

私の家の向かいの和漢薬店の右に、目立たない入り口の路地がある。幅一メートル足らず、人ひとりが歩ける幅の細い通路である。

細い通路の先に三軒長屋がある。その一つに入ると、壁一面に押し入れがある六畳が一間。それに土間がくっついていて、台所を兼ねている。外の通路にちょっとした縁台がある。それっきりの長屋が三軒連なっている。突き当たりは共同トイレである。

この三軒長屋から松原通に出るには、鍵の手に折れて釣瓶のある井戸をやり過ごし、路地を十メートルほど歩く。片側は和漢薬店の建物。路地に屋根はない。足元は砂と小石がむき出しで、水はけが悪く、雨になると水たまりができる。

それでも私たち子どもには、ビー玉、メンコ、それに釘差しなどの隠れた遊び場になった。釘差しは、五寸釘を利き腕の手に持って砂地に投げつける。やわらかな土に釘が刺さって、二度、三度とすると地面に線を引いて陣取りができる。雨上がりには都合のよい遊びだった。

松原通に面して小さい屋根を乗せた木の扉が、その奥の三軒の長屋を守っている。これが目隠しになって、子どもたちが隠れ遊びをするのにもってこいである。

木の扉にくぐり戸がある。ときどき、その小さい戸を引き開いて若い着物姿の女の人が出てくる。三味線を包んで胸に抱いている。

親に隠れた遊びをする私たち子どもにも、雅《みや》びな三味線の音、長唄や端唄《はうた》が聴こえる。「月はおぼろに東山、霞む夜毎のかがり火に〜〜」の祇園小唄だったりする。

この路地に三味線の師匠が二人いた。一人は一番奥の森田さん。子どもの目から見てもかなりお年寄りだった。その手前が西口のおばさん。ここに同年の雅義がいた。

私の最も近くの遊び友だちの西口雅義は、かけっこも素晴らしく速かった。それにハーモニカは抜群だった。二つのハーモニカを手にして器用に演奏する。それにビブラートがかかる。

「緑の丘の赤い屋根、とんがり帽子の時計台〜〜」(「とんがり帽子」、作詞:菊田一夫)、それに「晴れた空、そよぐ風〜〜」（「憧れのハワイ航路」、作詞：石本美由起）、「伊豆の山々、月あわく〜〜」（「湯の町エレジー」、作詞：野村俊夫）など、大人の歌謡曲も得意だった。

3　DDTと町内対抗運動会

終戦の一九四五（昭和二十）年の前後から数年間は、食べ物と着る物が絶望的に欠乏していた。多くの子どもには身体に虱《しらみ》、お腹に寄生虫がいるのが珍しくなかった。栄養失調で痩せた身体が多かった。

なかには、いつも青洟《あおばな》をたらしている子どもがいた。ハンカチや鼻紙が無い。着ているシャツの袖口で鼻水を拭いて、袖口をテカテカにしていた。風呂に入るのは、滅多になかった。それに衣類も欠乏して着替えが無い。石鹸《せっけん》も無くて洗濯も満足にできなかった。

虱は、DDTの白い粉末を噴霧器で頭や衣服の上から吹きつけて退治する。松原通でも、その光景が見られた。

お腹のなかにいるという蟯虫《ぎょうちゅう》などの寄生虫を駆除するのにマクリを飲んだ。これは嫌な匂いがするし、とても不味くて飲みにくかった。鼻をつまんで、覚悟を決めて一気に飲み下すしかなかった。

他にも苦手なものは肝油と脱脂粉乳であった。

肝油はパチンコ玉ほどのオレンジ色の球体で、噛むと、なかから嫌な味の液体が出てくる。それを丸飲みするしかない。

私たちが工夫した方法があった。学校に噴水式に水が出る水飲み蛇口が並んでいる。その水の出口に肝油を乗せておいて、一気に水を出す。そして水と一緒に飲み込むのがコツである。しばらくすると肝油は、表面に甘い粉末がついている薄く丸い形のものになって、口にするのは楽になった。

もう一つの苦手は、学級で配られる脱脂粉乳だった。へこみができた薄いアルミのカップで飲んだ。これが、なんとも不味くて飲みづらい。それでも他に飲み物は無い。我慢して飲み込むしかなかった。

ミルクが美味しいとわかったのは、後に郁文小学校が新制中学校になって、その運動場で町内対抗運動会が開かれたときだった。学区内のいくつもの町内チームが競い合い、さまざまなプログラムを楽しむものだった。

運動会には模擬店や駄菓子屋が並んだ。瓶入りの牛乳を売っている店が気になって、持っていた小遣いでこっそり買った。店のおじさんが小型の千枚通しのような針を刺して瓶の上の丸い紙のキャップを取ってくれた。瓶の白い牛乳をひと口飲んでみた。それが、とっても美味しかった。

その後、家でも毎朝、牛乳の宅配をしてもらうようになって、長く牛乳を飲み続けることになった。

＊

私の家の住所は松原通堀川西入るだが、正式な町名は北門前町である。通りの向かい側は来迎堂町《らいごうどうちょう》で、合わせて北来町《ほくらいちょう》としても通じる。

町内対抗運動会では、その北来町チームだった。西の大宮通から東の堀川通の区間で、運動会に出る選手は年上の人たちだったが、総勢で草野球の二チームができるほどの人数がいた。私たち小学生は、もっぱら大声の応援をするだけで面白かった。

なかでも愉快だったのは「パン食い競走」「アメ食い競走」「自転車遅乗り競走」だった。

コースの途中に竹竿にタコ糸であんパンが吊るしてある。そこまで走ってきたランナーが、両手は後ろにしたまま、口だけを使ってかぶりつく。うまくパンが取れれば、パンを口にしたままゴールに走る。これがパン食い競走である。

アメ食い競走も声を張り上げて応援した。コースの途中に、地面にランナーの数の茶碗が横に並べてある。茶碗にメリケン粉が入っていて、その中にアメ玉が隠れている。ランナーは、この地点まで走ってくると、これも両手は使わないで、口だけでアメを探し出して、うまく口にできたらゴールに走る。口の周りだけではなく、顔一面に白いメリケン粉がつく。それぞれ予想もしない傑作な顔つきになる。見物するほうには、それがとても面白い。

自転車遅乗り競走も愉快な光景だった。あらかじめ、十メートルほどの走行コースが白線で七列ほど用意されている。選手は自転車でスタート地点から十メートル先のゴールに向かう。しかし、速く走るのではない。このコースを一番遅くまで残った人が勝者になる。途中で地に足をつけると失格である。これはペダルを踏み込むよりも、微妙な平衡感覚と運動神経を競うことになる。

町内対抗運動会の出し物には、まだ戦後の食糧難の事情が反映されていた。

4　三角旗はためく歳末大売り出し

市電が走る大宮通、それを四条通方面から来ると「大宮松原」の電停がある。

京の師走《しわす》は、狭い松原通でも三角旗の飾りが冷たい冬風に盛んにはためいている。夕刻になると、通りの中央に照明電球の列が堀川まで続く。両側の商店には大売り出しののぼり旗が並ぶ。ふだん静かな商店街が明るくなって、にわかに賑やかになる歳末である。

＊

その三角旗の飾りつけは、勤務先の休日に小さな電機店を切り盛りしている郁男兄の仕事だった。小学生の私は、その兄のたった一人の助手役をする。私にはこの兄が父親代わりで、お手本としていた。年末の売り出しの三角旗の飾りつけ作業は、その訓練になった。

前述したように松原通は道幅が四メートルほど。それが三百メートル足らず。その通りの両側はぎっしり木造の二階建てが並ぶ。道路に面して小屋根の庇《ひさし》の瓦屋根が一階に乗っている。通りに立って空を見上げると、両側に並ぶ大屋根の向こうに細長い冬の寒空が見える。その空にジグザグに三角旗を飾る。これが年末の恒例の兄と私の作業である。

家の物置に竹製のハシゴがしまってある。それを兄と二人で通りに持ち出してくる。ハシゴを通りの西の端の大宮通近くの家まで運んで、そこから作業を始める。

ハシゴは小屋根に立てかけると少しグラグラする。兄が登る間は私が懸命に両手で押さえ続ける。兄が小屋根に登ったあと、上に登った兄がハシゴを押さえてくれて私が登る。なんとか小屋根まで登ると、小学五年生には少し怖かった。

それでも下の道路を歩く人は、ふだんとは違って見える。高みの見物をするような気分になった。

道路の上空に三角旗を吊るすための針金を両側に交互に渡して行く。しかも五、六メートルごとに、道の中央の位置に丸いアルミのランプ・シェードをセットした白熱電球をぶら下げる。兄に命じられて、大きな輪になった針金の束を持って道路の向こう側に移動する。通行する人や自転車に気をつけなくてはならない。

用意した太さ三ミリほどの針金を、金槌《かなづち》で釘を打ちつけて小屋根にある木の柱の部分に固定する。その足場の悪い小屋根の上は学びの舞台になる。釘を打つ位置の決め方、金槌の使い方、針金の捩《よ》じり方、針金の捻じれの整え方などがわかる。

ペンチで電線を切り、ネジ回しでネジを締める。それまで私が不器用に使っていた工具は、兄が手にすると鮮やかな作業道具になる。それを見ているだけで、知らずしらずのうちに要領が身につくように思えるのだった。

師走に入ると、歳末大売り出しである。

日一日と正月が近づいてくると、子どもは浮き浮きする気分になる。電機店のわが家も忙しくなる。細長い商店街の空の三角旗が、冬の風に吹かれている。道を照らす臨時の照明電球が夕刻に点灯して、松原通はパッと明るくなる。

5　暮れの大掃除と餅つき、新春祝い

京の町の紅葉の季節は、急に寒くなって師走に続く。

クリスマスは、まだ言葉さえあまり知られていない頃だった。それでも子どもは、正月を迎えることに何だかそわそわする。

十二月八日は「正月事始め」で、母もマーちゃんも買い物や料理の相談を始める。十三日は「煤《すす》はき」である。

その頃になると、晴天の日に隣近所が一斉に暮れの大掃除をする。わが家でも、表通りに面した母屋の一階、二階の和室の箪笥などを一時移動させて、畳《たたみ》を揚げる。その重い畳を表の松原通に運び出す。畳の下に古新聞が敷かれていて、下の木組みが見える。新しい新聞紙を敷いて、ダニ除けの粉を撒く。

畳は叩いてほこりを出し、乾燥させる。雑巾がけをしたあと、新しい新聞紙の上に敷く。畳を乾燥させている間に、椅子や脚立《きゃたつ》を使って壁と天井の煤払いをする。

勤務先から休みを取った兄は、腕まくりして力仕事である。母とマーちゃんは朝御飯が済むと、たすき掛けをして手拭いを姉さん被りする。学校から帰ってきた私は、三人が言いつける手伝いに忙しい。

松原通では、隣近所で畳を竹の笞《むち》で「パン、パン」と叩いていて、通りの買い物客が少なくなる。煤払いが済んで畳を元通りに入れ終わると、お茶の時間である。

大いに労力を使ったのに、部屋はそんなに新しくなったようには見えない。気持ちだけは身体が疲れたことに満足して、清々《せいせい》した気分になるのかもしれない。

＊

大掃除が済んで数日すれば、楽しみにしている餅つきである。兄が休日を取れる日を選んで餅つきの予定をたてる。母とマーちゃんは、餅米の分量を算段して用意をする。

餅つきの前日は、物置から臼と杵、それに蒸籠《せいろ》や餅箱を一年ぶりに取り出して、中庭の土間に準備する。

当日は朝から忙しい。母とマーちゃんは、大掃除のときより楽しそうに見える。薪の盛大な火で、三、四段に積んだ蒸籠で餅米を蒸す。薪の準備と火加減は私の分担である。頃合いを見て蒸し上がった餅米を臼にあける。ねじり鉢巻きして手に杵を持った兄が、湯気の上がっている餅米をトントンと打って準備する。

兄が大きく杵を打ち下ろす合間に、マーちゃんが横あいから鉢の水をつけた手を入れる。杵で搗《つ》きはじめると、粘りが増すごとに杵と餅がくっつくので、手水《てみず》をする。桶に水を入れておいて、手を水で濡らし餅の表面に水分を与える。その二人が調子を合わせて「ぺったん、ぺったん」とリズムよく餅つきが始まる。

搗き上がった柔らかい餅を取り箱に移して、待っていた母と私が取り粉をつけた手で丸めると、温かい出来立ての丸餅になる。

鏡餅、のし餅、雑煮用の丸餅を搗き上げると、さっそく小豆餡《あずきあん》やきな粉をつけて試食する。醬油を垂らした大根おろしをつけた搗きたての餅は、やわらかくて美味しい。

そうして夢中で餅つきを楽しんでいるうちに、隣近所からも「ぺったん、ぺったん」の音が聞こえてきて、大晦日が近くなる。

6　除夜の鐘、「をけら火」、正月

大人にとって師走は一年中で一番忙しい。一日が、あっという間に過ぎてしまう。子どもは「早く来い来い、お正月」で、お正月が待ち遠しい。

大晦日の夜は、松原通の寿湯で一年の垢を落として、さっぱりした気分で家族揃って年越しそばを食べる。その頃には、もう店に買い物に来る人も無くなる。普段と違って子どもが遅くまで起きていても叱られない。そして不思議に眠くならない。

＊

京の冬は、夜の屋外の寒さに、手袋とマフラーは欠かせない。寒さの備えをして家を出て、松原通を東に歩く。目指すのは深夜の祇園八坂神社である。

これには、お気に入りの行き方がある。直進して烏丸通で左折れ、四条通まで進む。そこからは八坂神社まで四条通を歩く。このコースなら、目抜き通りの四条通の大晦日の様子が楽しめる。

鴨川を越え、南座を右手に見て祇園石段下に来ると、大勢の人たちが集まっている。間もなく知恩院さんの除夜の鐘が厳かな音色で聞こえてくる。神社にお参りして、もらった火縄に「をけら火」をつける。

八坂神社で縄に点《つ》けたをけら火を消さないようにくるくる回しながら、大勢の人の流れと一緒の帰り道になる。あちこちのお寺から、遠く近く除夜の鐘の音が聞こえてくる。その音のなかを松原の家に帰り着く。

をけら火を家に持って帰ると、母が待っていて、その火で雑煮の準備をする。マーちゃんは正月料理の仕上げをしている。のぞくと、ちょっと味見をさせてくれる。けれど、元日のお祝いの重箱への盛りつけ作業で忙しい。

兄は仏壇と神棚を飾りつけ、店やかまどに灯明《とうみょう》の火を灯し、家族で用意した鏡餅を供える。三方《さんぼう》に半紙を敷き、その上に裏白《うらじろ》(羊歯《しだ》の一種)を載せる。大小二つの餅を重ね、上に薄い昆布を垂らし、串柿、干するめ、橙《だいだい》を裏白の葉の上に飾る。半紙をハサミで切った紙垂《しで》を置くと出来上がる。

一番大きな鏡餅飾りは商売繁盛を願って店に置く。仏壇には小さいもの、井戸とかまどにも、感謝と火の用心を祈って小さな鏡餅飾りをする。

私も何か手伝いたいけれど、「早よう寝るように」と母に言われる。みんなが忙しそうにしているのを横目に、しぶしぶ寝床に入る。

＊

目覚めると、例年のように新品の下着が枕元に置いてある。母のせめてもの思いである。身支度して顔を出すと、新年のみんなの顔が並んでいる。

母とマーちゃんは、和服の上に割烹着をつけている。いつになく薄い化粧をしているように見える。兄も着物に羽織と足袋《たび》で、井戸から若水をくみ上げてきている。

神棚の榊立《さかきた》てに新しい榊が差してある。兄が御神酒《おみき》をあげ、蠟燭《ろうそく》を灯す。家のなかの鏡餅を飾ったところをひと通り拝んで「無病息災」を祈ると、とても清々《すがすが》しい気分になる。

兄は硯《すずり》で墨をすって、お節《せち》料理の取り箸の箸紙に「海」と「山」と書き、一人ひとりの祝い箸の箸紙に名を筆書きしてくれる。

＊

元日のお屠蘇《とそ》とお雑煮、煮しめの正月料理、そして、みかんを食べる。そこで神妙な顔に戻った兄から「はい、お年玉。今年こそ、しっかり勉強せい……」という言葉がある。もちろん私は真剣な表情になって、ありがたくいただく。中身が気になるけれど、そのまま仏壇に供える。

時間があれば、母が読み手になって小倉《おぐら》百人一首で家族が遊ぶ。母はよほど得意とみえて、ふだんとは違う独特の言い回しで上の句の読み札を読む。きっと若い頃から百人一首の歌が好きだったのに違いない。

ひと通り済んだら、外の様子が気になる。部厚な新年の朝刊が入っている。たくさんの年賀状も届いている。それを板の間で茶飲み話をしているところに持って行く。

戸締りしている店のくぐり戸を開けて松原通に出ると、正月の晴れた空が細長く見える。暮れに飾った三角旗は無くなっていて、寒い空が広く見える。

どの家も表戸を閉めていて、人の通りも無い静かな通りである。玄関に松飾り、入り口に門松を飾って、日の丸を掲げている家が並んでいる。

西に大宮通、東に堀川通まで見渡せる。なんとも静かな清々しい正月の松原通である。

4章「ドンとドンとドンと波のり越えて〜〜」

小学五、六年生になると、身近なところで見た行事や思わぬ出来事は記憶に残る。夏に泳いだこと、毎日のように耳にしたラジオ放送のことも……。

学校の授業で思い出すことが無いのは、よほど遊びに夢中になっていたからだろう。それでも、いつまでも心に残る先生の歌がある。

1　節分は壬生寺のカンデンデン

京に春を告げるのは壬生寺のカンデンデンと決まっている。

京の冬は、周囲が山に囲われていて、きつい底冷えがする。寒さの厳しいのが節分の頃である。その節分を迎える頃、四条大宮近くの郁文中学校の西にある壬生寺で、一年のうちの最大行事がある。鉦《かね》、太鼓、笛を「カンデンデン」と打ち鳴らして演じる無言狂言が催される。

市内と近郊から大勢の見物客が集まる。四条大宮から大宮通を東寺に向かって南に走る市電も、「大宮綾小路」で臨時停車する。ここからなら歩いても壬生寺に近い。

＊

壬生寺は、もちろん新選組ゆかりの古刹《こさつ》である。私たちは竹や棒切れを腰にして、新選組と称してチャンバラごっこをした。誰でも大将の近藤勇局長の名は知っている。

私の母は明治生まれの奈良育ちだが、京都に嫁いで松原通で暮らしてきた。それで、壬生寺の新選組は京では「壬生浪」と呼ばれて恐れられていた、と話すことが多かった。

広い境内の一部に二階建ての立派な木造舞台がある。舞台の前の広場に大勢の観客が集まって、寒い風の吹きっさらしのなかで壬生狂言を見物する。

＊

仮面をかむって古式の装束の演者が無言で演じる。

人気の演目は煎餅を見物客に投げる「愛宕詣《あたごまいり》」だが、子どもたちにとって面白いのは「土蜘蛛《つちぐも》」である。演者が舞台に出てくる鬼を退散させるため、鬼をめがけて手を振る。すると、その手からパッと細い紙の糸が盛大に広がる。蜘蛛の糸に見立てた紙の糸は、見物人たちにも広がる。

炮烙《ほうらく》割りは、もっとハラハラする。何百枚もの素焼きの炮烙が舞台の袖に積み上げられ、ずらりと並べられる。炮烙は厄除けや開運を願う参拝客があらかじめ奉納し、ご祈禱済みである。それを仮面の演者が次々に落として行く。炮烙は約三メートルも下の地面に落ちて割れる。見物客がそれを奪い合い、厄払いのシンボルとして持って帰る。

地元の小学生から長老までの壬生大念仏講中の人たちが、熱心な練習をして狂言を伝承し、演じる。大念仏堂（狂言堂）には、綱渡り芸の「獣台《けものだい》」や、演者が飛び込むと消えてしまう「飛び込み」などの仕掛けがある。

それに、子どもたちには壬生狂言よりも面白いものがある。広場に並ぶ屋台、射的などのほか、お化け屋敷や見せ物小屋である。

お小遣いがあれば、怖いもの見たさでお化け屋敷に入る。それとも、見せ物小屋の「ろくろ首」や「蛇食い姫」の出し物にハラハラドキドキの時間を過ごす。その呼び込みのおじさんの文句は、長く耳に残っている。

2　大宮通七条の平安高校の優勝

一九五一（昭和二十六）年八月。

「平安高校が優勝です！　京津代表《けいしん》、京都の平安高校が埼玉の熊谷《くまがや》高校を下しました……」

聞き取りにくいが、やたら大きな声で実況放送のアナウンサーが絶叫している。

松原通にできた黒山の人だかりに向けた、私の店の真空管ラジオ放送である。なにしろ、すぐ近所の平安高校が甲子園で優勝するかもしれない。それで松原通は、八月の炎天下なのに、立ち止まってラジオの実況を聴く通りがかりの人、自転車の人たちが増えてきていた。

＊

夏休みだった小学六年生の私は、店先のわずかな電球や乾電池などにハタキをかけ、土間を掃き、表の通りに水撒きをするのが日課だった。

その日、八月十九日も朝から表の松原通は強い日差しだった。母に言われて井戸水をバケツで表通りまで運んで、店先に水撒きをした。それが、すぐに乾いてしまう。

ガラスの陳列棚の上に売り物のラジオを置いて、表の松原通に向けた。この日、甲子園の高校野球の決勝中継がある。

あんぱんが十円、はがきが二円なのに、店に陳列しているラジオは、一万五千円もするナショナル製の五球スーパー・ラジオである。それを慎重に扱ってダイヤルを微妙に回すと、ＮＨＫの野球中継が聞こえてくる。

優勝戦に出るのは地元の平安高校。家から歩いて十五分ほど、大宮通七条近くにある。対戦相手は先攻となった南関東代表で埼玉県の熊谷高校だった。

ラジオ中継が始まると、店先に立ち止まって聞き入る人が増えてくる。そのうち得点経過を尋ねる人がある。後攻の平安が初回と二回に三点ずつを取ったが、熊谷も三点を返している。ラジオを立ち聴きしている人たちも、しだいに興奮して手に汗にぎる熱戦になってきている。

その様子を見ていたマーちゃんと母が、私に「何か大きな紙でも使って得点を書いてみたら」と言い出した。

私は急いで商品の包装紙の裏側に、墨と筆で大きなスコア・ボードを描いた。それを表通りに向かって張り出し、試合が進むごとに得点を書き込んだ。

＊

自転車を止めて中継を聞く人たちも増えて、いつの間にか大勢の人だかりができてきた。最後は七対四で平安高校が優勝を決めたが、ラジオの中継が聞こえにくいほど、人だかりから万《ばん》歳《ざい》が起こって大騒ぎになった。

前の年に金閣寺が放火で全焼した。国鉄京都駅の駅舎も火災で全焼した。平安高校の全国優勝は、京の明るい出来事になった。

数日前にはお盆の大文字焼きも済んで、夏休みの残りが少なくなってくる頃だった。店のラジオからは、夕方に平川唯一《ただいち》先生のカムカム英語のラジオ英会話、外地からの引揚げ者などの消息を尋ねる「尋ね人」の時間が続いていた。

もちろん阪神対巨人のプロ野球の実況も聴いた。母の好きなのは、ドラマ「君の名は」と近江俊郎の歌謡曲「湯の町エレジー」だった。

一ドルが三百六十円、民間ラジオ放送が始まり、NHKが紅白歌合戦を開始、テレビの中継実験を始めた頃である。

＊

ただ忘れられないのは、一九五二年の優勝のとき「隻腕《せきわん》監督」と言われた木村（西村）進一監督のことである。終戦間際の南太平洋の戦地で右手首を失くされ、左手一本でノックする監督だった。私は平安高校のグラウンドに出かけて、選手たちの練習の様子を見たことがあった。義手の上にボールを置いて、左手のバットでボールを遠くまで飛ばす。それを何度も繰り返して、熱心に練習をさせる木村監督の姿は衝撃だった。身体が不自由な人でも、チームを優勝に導く指導ができる。それが、いつまでも強く印象に残った。

五年後の一九五六（昭和三十一）年、第三十八回大会で、平安高校は岐阜の県立岐阜商業高校に三対二で勝って優勝している。このときは、もうラジオは広く普及していた。松原通に向けて実況放送を流す必要はなかった。

3　松原橋、疏水、そして嵐山で泳いだ

待ちに待っていた小学六年生の夏休み。京の七月中旬、祇園祭が終わると、八月末まで長い夏休みである。

子どもには京の盆地の猛烈な暑さも苦にならない。せいぜい夕方の盥に井戸水を沸かす行水の後、あせも予防の天花粉《てんかふん》をはたきつけた裸の首すじに、うちわの風を送るくらいのことである。

大宮通花屋町の淳風小学校にはプールは無かった。歩いてすぐのところに小坂公園のプールがある。八コース、長さ二十五メートルくらい。けれど、入るには料金がいる。それに、いつも芋の子を洗うように混雑する。伸びのびした自由な水遊びができない。

だから、家の前の松原通を東に歩いて行ける鴨川は、誰にも邪魔されない水遊び場の一つである。ただし、流れがあって深くもないので、本格的な水泳はできない。

浅いからといって油断はできない。岸辺には藻が繁っていて、とてもつかまりにくい。じつは、一度あやうく溺れかけたことがある。水面は穏やかに見えても、意外に強い流れがあって、足元も不確か。岸につかまろうとして手が滑って、頭から身体が沈んでしまった。いじわるなことに、あわてるほど手がかりがつかめない。流れのなかで何度か川の水を飲んでしまった。

流されて行くところを、一緒に来ていた向かいの和漢薬店の二才上の一彰さんが岸辺を走って捕まえてくれて、難を逃れた。

さんざんな目にあったが、帰りの松原通で精一杯、「晴れやかな　君の笑顔　やさしく　われを呼びて〜〜」と、調子外れの岡晴夫の「青春のパラダイス」（作詞：吉川静夫）を歌っていた。松原通に出ているアイス・キャンデー屋で買った十円のキャンデーを楽しみながら帰った。もちろん家に戻っても、溺れそうになったことは黙っていた。

＊

大宮松原の電停から市電で平安神宮近くの岡崎まで行く。そこから動物園の横を流れる疏水は歩いてすぐである。

琵琶湖からインクラインで木造の船が行き来したというトンネルも近い。船を台車に乗せて運んだ二本のレールが見える辺りは、豊富な水量で流れも無い。広い自然なプールになっている。

この水場には、いつも多くの男の子たちが集まっている。踏水会という水泳学校の子どもたちは、上手なクロールを見せてくれる。それをお手本にして練習した。

ここには家から自転車でも来ることができるが、市電で来るほうが贅沢《ぜいたく》な水遊びに思えた。帰り道に平安神宮の大きな朱の鳥居を見ながら、たっぷり水遊びをしたと満足しながら帰る。

鴨川の松原橋、次が平安神宮前の疏水、そして四条大宮から嵐電で行く嵐山が一番贅沢な行き先である。嵐電は車両一台きり。市電と同じような乗り物だが、嵐山までの駅名が面白い。終点の嵐山まで短い区間ながら十ほどの駅がある。最初の「西院」は「さい」と読む。これは、四条通をトロリーバスが走っていて、それが西院までだから、誰でも知っている。五つ目くらいから「蚕ノ社《かいこやしろ》」「太秦《うずまさ》広隆寺」「帷子《かたびら》ノ辻」「有栖川《ありすがわ》」「車折《くるまざき》神社」が出てくる。それを一緒に嵐山に行く友だちと読み比べ競争をする。難しいのは「帷子ノ辻」である。

＊

京の市内の子どもにとって、海は遠い。府内の日本海側の若狭湾《わかさ》には、高浜や和田浜など水がきれいな海水浴場がある。しかし、連れて行ってもらえる機会は少ない。

「六年は組」の夏の終わり、男女の数名が担任の吉田治子先生に「せんせい、海に連れてって……」と頼んだことがあった。

先生が願いをきいてくれて、三重県の津の海岸に行った。芝野弘、岩口誠一、それに矢追康子、岡宏子、今川富美江など、みんなで十人ほど。先生の引率で京都駅から国鉄関西本線で亀山駅へ、そこから紀勢線で津駅の一つ先の阿漕《あこぎ》まで。あとは徒歩で海水浴場として知られる松林の続く海岸に出る。

ところが、京都を出るときから怪しかった空は厚い雲で、今にもにわか雨が来そう。葦簀《よしず》張りの小屋に入って水泳着に着替える頃には雨が降り出してくる。広い海を見ると、灰色で大きなうねりが生じている。

青空に白い雲、大海原にやさしい白い波打ちぎわを想像していたのに。

それでも、せっかく来たのだからと、ちょっと海に入ってみると、それが濁った水で、とても冷たかった。急いで小屋に戻ったが、寒くてぶるぶる震える始末。空模様はますます怪しく、嵐の接近である。

大雨になる前にと、急いで帰り支度をして引き上げたのだった。初の海水浴は、さんざんな目にあった。けれど、それだからこそ、長く記憶に残っているのかもしれない。

まだ天気予報は行き届いていないし、学校での安全教育や規則は、実にのんびりしていた頃のことである。

4　ラジオの「カムカム英語」

わが小さな電機店の夕刻をにぎわせたのは、店のラジオから流れる「尋ね人」の時間、ドラマ「鐘の鳴る丘」、そして英会話の「カムカム英語」だった。

民間放送がスタートする以前のことで、もっぱらＮＨＫである。ラジオのある家は少ないので、店に見本を出して、いつもスイッチを入れて鳴らしていた。

ダイヤル表示板に取り付けた緑色に輝く丸いマジックアイがある。これが面白かった。ラジオ局の周波数に同調すると、目を閉じるようにそのマーカーも閉じて、スピーカーから最も聞きよい音が出る。

*

証《しょう》 証 証城寺《しょうじょうじ》 証城寺の庭は
つ つ 月夜だ みんな出て 来い来い来い～～

という、誰でも知っている童謡「証城寺の狸囃子《たぬきばやし》」（作詞：野口雨情）が英語の「Come, Come, Everybody カムカム・エブリバディ～～」のリズムになったテーマソングが始まる。これで、子どもでも自然に聞き耳を立てたくなる。

ラジオ英会話は、私が小学生になった一九四六（昭和二十一）年の二月に開始され、六年生になる一九五一（昭和二十六）年の二月まで、週五日、毎日夕方の十五分間放送された。最初はＮＨＫラジオ第一放送、途中から第二放送で放送されたが、私には面白いのはテーマソングだけで、あとは聞き流すだけである。英会話が流れていても、店に客が来ると、それに応対しなくてはならなかった。

夕刊が届くと、それにも気が取られる。一面のトップの活字が少しずつ読めるようになっている。それに、毎日新しいニュースがある。それまで五円、十円をにぎって走って見に行った紙芝居よりも面白く思える。

もちろん店番をしながら宿題をする。カムカム英語には、まるで注意が向かない。

番組のアナウンサーが、いつも番組の終わりに「担当は平川唯一でした」と言うので、それだけは自然に記憶に残った。

＊

店の五球スーパーの真空管ラジオは、もっぱら流行歌を流してくれる。江利チエミが英語で歌う「テネシー・ワルツ」は、何度も聞いているうちに、うろ覚えながら「アイ ワズ ダンシング ウィズ マイ ダーリン～～」などと口真似するようになった。ダンシングとダーリンだけは意味がわかった。

当時、小学校では英語は教えない。子どもが英語を学ぶなど誰も想像しない頃である。私が中学校ではじめて『ジャック・アンド・ベティ』の英語の教科書を手にするのは、カムカム英語の番組が終了した翌年の四月である。

電気蓄音機、縮めて「電蓄」は真空管ラジオに続いて大いに普及した。店の陳列品の堂々たる大きさの電蓄で鳴らすレコードは、お客さんたちに人気になった。

店番する私が好んで掛けたレコードは、三枚だった。はじめは美空ひばりの「リンゴ追分」

と江利チエミの「テネシー・ワルツ」だった。それが中学生になって、雪村いづみが歌う映画「シェーン」の主題歌の「遥かなる山の呼び声」が加わった。

この三枚は、レコード針を何度も取り替えて繰り返して聴いた。

5 「ドンとドンとドンと波のり越えて〜〜」

この出だしに続いて「一挺《ちょう》 二挺 三挺 八挺櫓で飛ばしゃ〜〜」という威勢のよい大きな声が、私たちの座っている大広間に響いた。

その夜、宿泊先の夕食を済ませた小学六年生、三学級の子どもたちは、先生の大きな声の歌をはじめて耳にしてびっくりした。

丸坊主の男の子、おかっぱ頭の女の子たちは畳の広間に緊張して座っていた。

昭和二十六年。終戦後六年が経過していた。まだ相変わらず食べ物は少なくて、栄養不足の痩せ気味の子どももたちもいた。

それが、「ドンとドンと〜〜」の声が「がぁーん」と響いて、飛び上がった。まるで大太鼓をたたいたような大音声《だいおんじょう》だった。無伴奏で、いまで言うアカペラだった。

とっても大きな声で気持ちよく歌い続けるのは、「六年い組」担任の北村敏夫先生である。「ろ組」や「は組」の子どもは、顔は知っているだけで話を聞くことはなかった。六年生の三学級のリーダーの紳士的な先生だと思っていた。それまで私たちは、学校で習う唱歌か、ラジオから聞こえる歌謡曲しか知らなかった。だから、とても衝撃的な新しい歌だった。

＊

南紀白浜への修学旅行に先立って、母は春に中学に入学するのを祝って、詰め襟の学生服と学生帽を新調してくれた。はじめてそれを着ての旅行だった。ズボンは旅館のフトンの下に丁寧に置いて寝押しした。

それまで六年生の修学旅行は伊勢神宮と決まっていた。私たちも秋に伊勢行きは済ませていた。だから、記念に買った二見浦《ふたみがうら》の置物を大事に持っている。南紀の白浜行きは、この年に限った二度目の旅行だった。

兄とお嫁さんのマーちゃんが新婚旅行で行ったのも、南紀の白浜だった。そのとき柚子最中を買ってきてくれた。今度は、その柚子最中を私が兄とマーちゃんに買ったのだった。

この「ドンとドンとドンと」は、オペラ歌手の藤原義江《よしえ》が歌った「出船の港」（作詞：時雨《しぐれ》音羽《おとは》）だというのは、ずっと後になって知ったことだ。

いまこの歌をユーチューブで聴くと、私の人生八十年を支えてきた見えざる屋台骨の一つとなったようにさえ思う。そして、ユーチューブで聴くよりも、小学校六年生で聴いた北村先生の歌声のほうが、断然迫力があった。

君たちは社会の荒波にぶち当たって行く。それに勇気を持て、という寓意が含まれていたのではなかったか。そのように思えて仕方ない。

痩せた大勢の子どもたちの前に立って、日頃は鬼瓦の顔にメガネをかけた謹厳な先生が、大きくて見事な声量を披露してくれた。先生の気持ちは、どんなだっただろうか。卒業して中学生になって行く男の子と女の子、百五十人の子どもたちへの餞《はなむけ》だったように思える。

2部　十八才の出発

一九五二（昭和二十七）年、十二才頃から
一九五八（昭和三十三）年、十八才頃まで

立たされ坊主の中学生。
勉強は、それなりに取り組んで、せいぜい「中の上」くらい。
何にでも手を出す「おっちょこちょい」。
好奇心だけは人一倍なのだが……。

19才のいたずら書き 2　河童

1章

「鴨川の水が、逆さまに流れようとも」

一九五二（昭和二十七）年四月、大宮通花屋町の淳風小学校を卒業して郁文中学校に入学した。終戦直後に小学一年と二年を過ごした同じ校舎に戻ってきた。母が買ってくれた詰め襟の学生服を着て学生帽をかぶるのは、なんだか大きくなったように思えて嬉しかった。襟に中学校のバッジ、帽子にも記章を付けた。

その学生服を毎日着て春風の大宮通を通学する。家から学校まで、歩いてわずか十分くらい。もう小学生の成績は関係ない。すこし胸を張って家並みのなかを行く。なんだか毎日が楽しくなってくる。

郁文中学校は大宮通四条下る、その西側にある。鉄筋コンクリートに美しい彫刻模様がある自慢したい優雅な校舎である。内部に一階から屋上まで続くスロープが、階段とは別に設けてある。スロープの床は木煉瓦がていねいに敷きつめてあって、なんともやさしい感じがするものだった。

写真７　京都市立郁文中学校
京都市立郁文小学校は、1948年以降は中学校になった。４階建てで、中央の屋上に天文台がある。手前の上空に市電の架線、路面に軌道が見える。当時は市電が盛んに走っていた。2006（平成18）年度に閉校、現在は一部改築されて市立洛友中学校となっている（写真は1955年の卒業記念アルバムから）。

1　学校が楽しくなってきた

松原通の家の近くの醒泉《せいせん》、少し離れた格致《かくち》の二つの小学校の卒業生が一緒になる。一学級は五十人くらいで八学級ある。

堂々とした広い講堂での入学式だった。大きな演壇の中央に日の丸と校旗が飾ってある。整然と並んだ長椅子は緑色のビロード張りで、腰掛けると、とても座り心地が良かった。

小学生の頃は、勉強は嫌いではなかったけれど、ひいき目に見ても成績は「中の下」くらい。男の子にも女の子にも良く出来るのが大勢いた。

中学一年生になれば、それまでの小学校の成績の善し悪しは気にすることはない。みんな揃って一斉に同じスタートラインから出発である。これで気分は、うんと楽になる。

*

小学生のとき、わが家の離れに来て一緒に勉強したのは浅井敬一だけだった。前にも書いたように彼の家は、松原通を西に行った寿湯の前のガラス屋である。それが中学一年生になって醒泉校区の友人ができた。浅井の家の近くで、家が洋服の仕立屋さんの田中靖夫、そして松原通を東に堀川を越えた、油小路《あぶらのこうじ》に近い化粧品問屋の広田信夫である。田中と広田、そして私は、三人の家を週に一回、順にまわって勉強をした。

当時の郁文中学校の先生は三十八人、これに校長と教頭を含めると四十人。そのうち女の先生が八人。そのほかに二人の作業員さんである。夏休み近くなる頃に私たちがキリン、カバ、ペリカンとニックネームで呼ぶようになった三先生もいた。その後にチャップリン先生も登場する。

授業がわからなくても、毎時間違う先生を見ているだけで変化があって面白かった。学校が楽しくなったのは、一人ひとりの先生たちが個性的で、多彩な授業だったためである。私の世界が少しずつ広がって行った。

小学生の頃には一学期に一度は病欠して苦しんだ喘息は、発作の間隔が広がってきていた。あいかわらず母は、向かいの和漢薬店から棗《なつめ》を買って、大きなやかんで煎じて、朝夕に飲ませ続けた。

そのうえ、野外活動は体質の改善に効果があると聞いてきて、私にボーイ・スカウトを勧めた。二年生になると同学年の中村俊彦、岩口誠一、大野嘉宏がスカウト隊員だと知って、さっそく入隊した。

淳風小学校の近くの花屋町に京都第十五隊があって、週一回の活動に加わった。母が買ってくれた制服や帽子、それにネッカチーフが格好良かった。リーダーに引率されて仲間の隊員と保津峡に出かけることが多かった。キャンプでテント設営や飯盒炊爨《はんごうすいさん》を経験して、ロープ・ワークを教わった。

スカウト・ペースと呼ぶ駆け足と速歩を組み合わせた追跡走法も学んだ。盛大なキャンプファイアを囲んで歌ったスカウト・ソングは、合い言葉の「備えよ、常に」とともに、その後も長く記憶に残っている。

隊員の経験は、わずか一年くらいの短い期間だった。それでも知らぬうちに、風邪引きと喘息の体質は改善して行くようだった。そして「おっちょこちょい」を発揮する愉快な中学生の日々になった。

十代の後半、山とスキーにのめり込み、その先でも意外な体験をする海外での日々を過ごすことになる。ついには七十代になっても冒険心と野性味の発揮を忘れない醍醐味を味わうことになるが、それは、この時期に基本を学んだように思う。

2　キリン、ペリカン、カバ

中学に入学した四月、私の一年六組の担任となったのはキリン先生である。名前が岩波正昭先生で、背がすらりと高く、メガネをかけた顔は角張っているけれど、首筋がスッと長く伸びている。理科の担当で、たいてい白衣を着ている。廊下をスッスッと歩く姿がキリンに似ている。教室に入った生徒たちがざわついているところに先生の足音がすると、「キリンが来たぞ」などと言った。毎朝のショートのホームルームに来ると、キリン先生は「阿部、有田、岩根、植田、大隅、大野……」とクラス全員の出席を流れるように確認する。

板書の文字はすごく丁寧で正確で、先生の几帳面な性格がわかる。それを見て私もノートの記録は丁寧に書くように心がけた。キリン先生はバレーボール部の顧問をしていて、対抗試合にも出かけることが多かった。

メガネのキリン先生の次は、人見昌雄先生のカバ教頭先生。ずんぐりした両肩の張った太った体格に、じゃがいものような顔がのっている。鼻の下に濃い髭《ひげ》を蓄えて、いかにも教頭先生という感じがする。キリン先生と違って首が短い。それでカバ先生である。

カバ先生は、私たちに話すことは少なかったが、たまに何か言われると、ぐんと低音で、カバが水面近くで音を出すような感じがした。

キリン、カバの次は、ペリカンの野崎重雄先生。うりざね顔に顎から下が広い。音楽の先生だから、声の音量はたっぷりである。

毎週月曜日の全校集会の時間に朝礼台の上に立つと、決まって「郵便友の会(現・青少年ペンフレンドクラブ)」の話をされる。その発音が「ゆうびん、とものくわぁい」と聞こえる。まるでペリカンが大きな顎に蓄えた音を出すように見える。

「君たちは文通をすることで平和な世界、友愛あふれる社会をつくり、教養豊かになることを目指す『郵便友のくわぁい』に入るように……」などと話される。ペリカン先生は、学校を代表して全国の文通相手を紹介する仕事をされているらしい。

もう一人は中学三年八組で担任になったチャップリンの中嶋一男先生。同志社大学を卒業して間もなくの赴任だった。運動会のクラスの応援に、大学応援団の手拍子を真似た「オーチョン、オーチョン、オーチョンチョン」を教えてもらった。

カールした髪に玉子型の顔、中肉中背に少し寸の詰まった背広姿である。映画の「チャップリンの殺人狂時代」(一九五二年)、「ライムライト」(一九五三年)を観て、すぐに思いついた。教室を出て職員室に向かって廊下を歩く後ろ姿も、何となく映画のチャップリンに似ていた。

この先生には、数年後に、なんとわが家の兄嫁マーちゃんの妹の恵美さんと結婚されて親戚関係になるという後日譚《ごじつたん》がある。だから、それ以後は、このニックネームは使用禁止にしている。

3　十三まいりの嵐山、渡月橋

ある日曜日のこと。鏡の前の母が立ち姿になって、大切にしている帯を巻いて「ポン」と手でたたいた。

これは母が外出するときの習慣である。この日は、いつもより大きな「ポン」である。なにか特別な外出だとわかる。私は前の日に近所の橋本理髪店で散髪をしてくるように言われていて、散髪のしたての頭だった。

京の子どもが数え十三才になると、嵐山の虚空蔵《こくうぞう》さんで智恵と福を授かる十三まいりがある。その年、私も十三になっていた。

母が私を連れて出かけたのは、秋になってからだった。松原通の家を出て大宮通を四条大宮まで市電道を歩く。四条通近くで四月から通っている郁文中学校前を過ぎると、嵐山行きの嵐電の駅が近くなる。

小学生の夏休み、母には内緒で嵐電に乗って、近所の二、三人の年上と一緒に嵐山に泳ぎに出かけることが何度もあった。そのことは、このときでも母には内緒である。

＊

渡月橋を渡って、その先にある法輪寺の虚空蔵さんの菩薩像にお参りする。境内には大勢の子どもと親たちが芋の子を洗うように集まっている。女の子は稚児髷《ちごまげ》の飾りを付けて着飾っている。羽織と袴《はかま》の男の子もいる。

住職が出てきて本堂に案内する。色紙が渡され、筆で漢字一文字を書くように、との説明がある。いきなりだったので、私は何を書いてよいか迷った。隣を見ると用意してきた漢字を書く子どもたちばかり。

すぐ思いついたのは、母が口ぐせの一つにしている「天知る、地知る、我知る、人知る」だった。悪い行ないも良い行ないも、いつかは世間が知るようになる、と戒めに教えてくれていた。しかし一文字だけなので、一つだけなら、母の口癖のなかの「人知る」の「人」である。これなら二筆で書ける。色紙を奉納し、本堂のご祈禱があって、この年まで無事で育ったことを感謝しなければならない。

その帰り道、母は「渡月橋を渡り終わるまでは、振り返ったらあかん」と命じる。ところが参道は長い石段を降りる。「振り返ったらあかん、振り返ったらあかん」と心のなかで唱えながら門を出る。後ろを振り返ると、せっかく授かった智恵を返さなければならない、という言い伝えがあるらしい。

小学生の夏、腕白仲間と渡月橋の欄干から度胸試しで川に飛び込んだことは、もちろん母には内緒である。

虚空蔵さんで智恵を授けてもらったはずだったが、十三まいりを済ませた後も、相変わらずの「おっちょこちょい」に変わりはなかった。むしろ以前よりも、いたずらっ子ぶりを発揮するようになった。

4 「鴨川の水が、逆さまに流れようとも」

学校の廊下の天井に目立たないが破れたところがある。机と椅子を使って天井に登る。手にしているのはピストル型の水鉄砲。これで下を歩く女の子を狙うのである。

水がかかると女の子たちがキャーキャーと逃げ回る。それを見ると日頃の鬱憤《うっぷん》が晴れる。

その日は、もう何回か試みて、水鉄砲に水が無くなった。何か他の物を、と思った。が、やむを得ない。自分のおしっこをひっかけることにした。

そこに運悪く先生が通りかかって、私が出したおしっこは、もう止められない。案の定、頭に少しかかってしまった。ソロバンを教える岡本昭一先生が被害者だった。

＊

「鴨川の水が、逆さまに流れようとも、今後このようなことはいたしません！」

顔見知りの友だちがゾロゾロ歩く廊下に立って、これを百回唱える。それが、このいたずらをした罰である。

盛んに私をけしかけた二、三人は「よくやってくれた」ではなく、「ざまあみろ」という態度になっている。なんという卑怯者か、と思ったが、もう手遅れである。彼らに乗せられた自分が悪いのである。

両手には、いっぱいの水を入れたバケツを持たされている。それでも十回ごとに、いったん下に置いて、廊下にチョークで「正」文字の棒線を引く。それが「正」「正」と二つで百回になって、この罰から解放される。

郁男兄から言われていたが、私は「おだてられると、すぐ調子に乗る、おっちょこちょい」の傾向がある。それは自分でもわかりはじめている。しかし、実際に仲間に囃《はや》し立てられると、「ひとつ、やってやろう」という気になってしまう。

このときもそうだった。日頃から何かと頭の良さを鼻にかけて私たちをいじめる格致学区の女の子たちがいる。その仕返しに二、三人を狙って水をかける。彼女たちは、どこから飛んでくる水かわからずにドタバタするに違いない。面白そうだから、やろうじゃないか、となった。それで、私が廊下の天井に登ったのだった。

＊

「ピッシ」「バシッ」と、平手で級友の頬を殴る音がする。

教室の教壇に、黒板を背に五人の男子生徒が立たされ、それをクラスのみんなが息をつめて見つめている。最後に立っていた私の前に、小柄で痩せた下川弘先生が来た。神経質そうな表情で「歯を食いしばれ！」と命じた。

私は咄嗟《とっさ》に頬を膨らませた。すぐに先生の平手打ちが「バシッ」と来た。口から事前に頬にためていた空気が「プッフウ」と出た。

それで、教室にみんなの秘かな笑い声が広がった。先生は真っ赤になって怒ると「もう一度」と言って、すぐに平手で殴った。

叩かれた頬は二度とも痛かった。それで先生の怒りは収まったのか、私たち五人は解放されて自分の席に戻った。頬の痛さは、すぐ忘れた。いけないことをしたとは思わなかったし、みんなの注目を集めて誇らしいくらいだった。

ことの起こりは、社会科の授業中のことである。先生が黒板に板書していて背を向けているのをさいわいに、私の近くの数人が、何かふざけあって笑い出した。それが先生の癇《かん》に障《さわ》った。何でもないことに腹を立てる先生がどうかしているのである。

家に帰ると、学校であったことは何も話さない。ひたすら神妙にしている。それが自分で決めているルールである。

母と兄嫁のマーちゃんの目は気になる。ぼんやりしていると手伝いを命じられる。午後も夕刻近くなると、アスファルトの松原通は、ほこりっぽくなる。バケツに井戸水を汲んで水撒きをする。鉈《なた》で薪割りをし、かまどでご飯炊きの準備をする。母が用意した釜を据えると、火を熾《おこ》し飯炊きをする。

これは意外に面白かった。かまどのなかで薪が燃え、炎がゆらめくのは見飽きなかった。炊きあがった湯気のあがる白い飯をしゃもじで木のお櫃《ひつ》に移すと、なんだか豊かな気分になる。学校で立たされたこと、殴られたことなど、すっかり忘れる時間だった。

＊

この頃になると、夏に鴨川の松原橋や平安神宮近くの疎水で泳ぐことはしなくなった。友だちの噂では、嵐山も水が少なくなって、飛び込むどころか、とても泳げたものじゃないという。憧れの若狭湾の高浜には、兄が二、三人の職場の仲間と出かけるときに連れて行ってくれた。海水に入れば、風邪になりやすく喘息に苦しむ体質を変えることに役立つと、母が連れて行くように勧めてくれた。

当時、二眼レフの写真機が流行《はや》り出す頃で、兄もマミヤ製を買って若狭行きに持って行った。静かな海は水が透明で少し冷たかった。大人の男たちのなかで中学生は私一人だったけれど、蘇洞門《そとも》の周辺で泳いだ記憶が兄の撮った写真とともに残っている。

中学三年の夏には、琵琶湖の近江舞子でキャンプをした。同級の学級委員長だった田井中一郎、後に大宮通花屋町で歯科医になる本多隆彦がいた。それに山添輝夫、田中幹夫、向かいの路地にいた西口雅義も一緒の写真がある。

本多の家に出入りする人が本多の母親に頼まれて、やんちゃな中学三年生たちの夏の琵琶湖キャンプの引率をしてくれたのだった。

その数枚の写真には、偶然にも松原通の商店街の人たちと来た四才の甥、芳博くんが写っている。兄嫁のマーちゃんが手作りした可愛い水着で、不二家のペコちゃんの表情をしている。

5　小坂青雲堂、みかん箱の本立て

何度も記すが、私の家は松原通で東は堀川通、西は大宮通の間の電機屋である。ずっと東に行くと「西洞院松原」の電停近くに白石電気店があっただけ。だから、かなり遠くから修理品を持ってくる人がいた。

大宮通四条近くの郁文中学校に入学する頃には、多数の映画館で賑わう新京極が知られるようになる。それにあやかって松原通も「松原京極商店街」と名乗るようになっていた。

わが家の小屋根に「ナショナル」のネオンが輝くようになった。家からすぐのところに本屋さんがあって、その小屋根に「小坂青雲堂」の看板がある。この本屋さんに母と同年配のご夫婦がいて、おばさんと私の母は、よく世間話をするようになっていた。

だから、中学生の私が店に並んだ本棚の本を立ち読みすることに不自由はなかった。たまに少ない小遣いをにぎって単行本を買うとき、丁寧にカバー紙をつけてもらった。

＊

盛んにいたずらをした一方で、本を読む楽しさを話してくれる先生がいて、興味を持った。読書の面白さの扉を開いてくれたのは、私がソロバンを忘れたとき、その罰として中庭の第二運動場を百周走れと命じた技術家庭の岡本昭一先生だった。

百周走りをしているとき、いくつもの教室の窓が開いて大勢の同級生たちが、くるくると走っている私の姿を見て盛んに冷やかした。

岡本先生は、ときどき授業から離れて読書の楽しさを話してくれた。夏目漱石、島崎藤村、武者小路実篤などの名前を知った。家に帰って店番する合間に小坂書店に走って、その本棚から先生が教えてくれる文庫本を見つけるのが楽しみになった。

国語の教科書で名作の一部が使われているだけでは、ほんとうの面白さは味わえない。授業で学ぶと、扱う内容が限られる。そのうえ時間の余裕も無い。もちろんテストがある。成績がつけられてしまう。ほんとうの学びは教科や授業を離れたところにもある、と思うようになった。

小坂青雲堂には、藤村の「破戒」、武者小路実篤の「その妹」、夏目漱石の「坊っちゃん」などが並んでいた。母からもらう小遣いは少なかったけれど、それを貯めて岩波文庫の一冊を買うのは、うれしいことになった。

勉強机を買ってもらったのは、その頃である。兄が松原通の服部の家具屋さんで木製の勉強机を選んでくれた。小さい机だったけれど、椅子と一緒に離れの畳の上に置いて、店の売れ残りの電気スタンドを灯すと、一国の主《あるじ》の気分になる。少しは勉強する気にもなってきた。

＊

二年生の頃、同級生の一人に、大宮通で開業医をしている家から通学する横村哲がいた。その並びに岡本敬一のテント屋があった。彼は中学生ながら、落ち着いていて秀才の雰囲気があった。そしてずっと後には大阪工業大学教授になる。その向かいに市電の軌道を挟んで高島医院ができて、ここには同期生で深窓の才媛という感じがする高島幸子がいた。おっちょこちょいの私には岡本敬一と高島幸子は近づきにくかった。高島医院の並びに小学校からの同級生で洛陽高校の機械科に進学する左官鏝《さかんごて》の販売店の中村昭夫がいた。

彼らのうちで、横村はモーパッサン、アンドレ・ジイドなどを読んでいた。私はコナン・ドイルの『シャーロック・ホームズの冒険』に夢中になった。

そうして小坂青雲堂で手に入れる文庫本が一冊ずつ増えて行った。やがて、どうしても本立てが欲しくなった。年末にわが家で正月用に買うみかんは、杉板の木箱に入っている。その空き箱をもらって、店で商品を包む包装紙を丁寧に糊張りする。これで立派な本立てになる。それに単行本が増えるのは秘かな楽しみだった。中学を卒業する頃には、みかん箱の本立ては二個から三個になった。

本を読みはじめて、その面白さを感じるようになった。一つのめり込むと、とことん進もうとする性格だと自覚するようにもなった。

映画にも惹きつけられたが、学校から団体鑑賞するものは、あまり面白くなかった。小遣いをにぎって行った新京極の映画館で観るものには、手に汗握る思いがした。

なかでも、中学一年生で見たゲーリー・クーパーの「真昼の決闘」、二年生で観たアラン・ラッドの「シェーン」、三年生で観たオードリー・ヘップバーンの「ローマの休日」である。

この三本は、ずっと後の八十才を越えても、また観たくなる。

2章　京の町を駆けた学級対抗駅伝

1　京の町を駆けた学級対抗駅伝

一週間ほど前、時代祭を終えた十月末の京の町だった。朝の九時。日陰に立って半袖シャツとトレパン姿になるとブルッと寒けがする。

そのとき私が白梅町《はくばいちょう》から来るランナーを待っていたのは、金閣寺も近い妙心寺《みょうしんじ》の北総門の前である。上に羽織ったジャンパーは、走りはじめるときに、自転車で伴走する級友に預けることにしている。中学一年生の私は、なかなか走ってこないランナーを待って、イライラしながら足踏みを続けていた。

＊

四条大宮近くの郁文中学校の一年生になった秋、クラス対抗駅伝があった。コースは京の町の南西地域を走る十三区間である。それは次のようなものだった。

　一区、学校（四条大宮）を出発、西院まで　二区、西院から白梅町
三区、白梅町から妙心寺　四区、妙心寺から広沢池《ひろさわのいけ》
五区、広沢池から清涼寺（嵯峨釈迦堂）　六区、清涼寺（嵯峨釈迦堂）から渡月橋
七区、渡月橋から松尾大社　八区、松尾大社から桂離宮
九区、桂離宮から久世橋《くぜばし》　十区、久世橋から城南宮
十一区、城南宮から上鳥羽《かみとば》　十二区、上鳥羽から東寺
十三区、東寺から学校で、ゴールイン

　このうち二区間は女子が走る。女子ランナーがどの区間を走るかは、それぞれの学級の作戦によるとされていた。

　私が走るのは、四区の妙心寺から広沢池の区間。一緒に走るランナーは一学年が八クラス、それが三学年で二十四人になる。

　その半分以上は、もうとっくにタスキを受け取って広沢池に向かって走ってしまっている。足踏みして待っているのが数人になったとき、ようやく苦しそうな級友の姿が近づいてきた。

　私は、はやる気持ちで走り出した。しかし前を走っているランナーには、なかなか追いつけない。それどころか、焦る気持ちもあって息が上がってきて、呼吸が苦しくなりはじめる。

地図③　駅伝大会で走ったと思われるルート

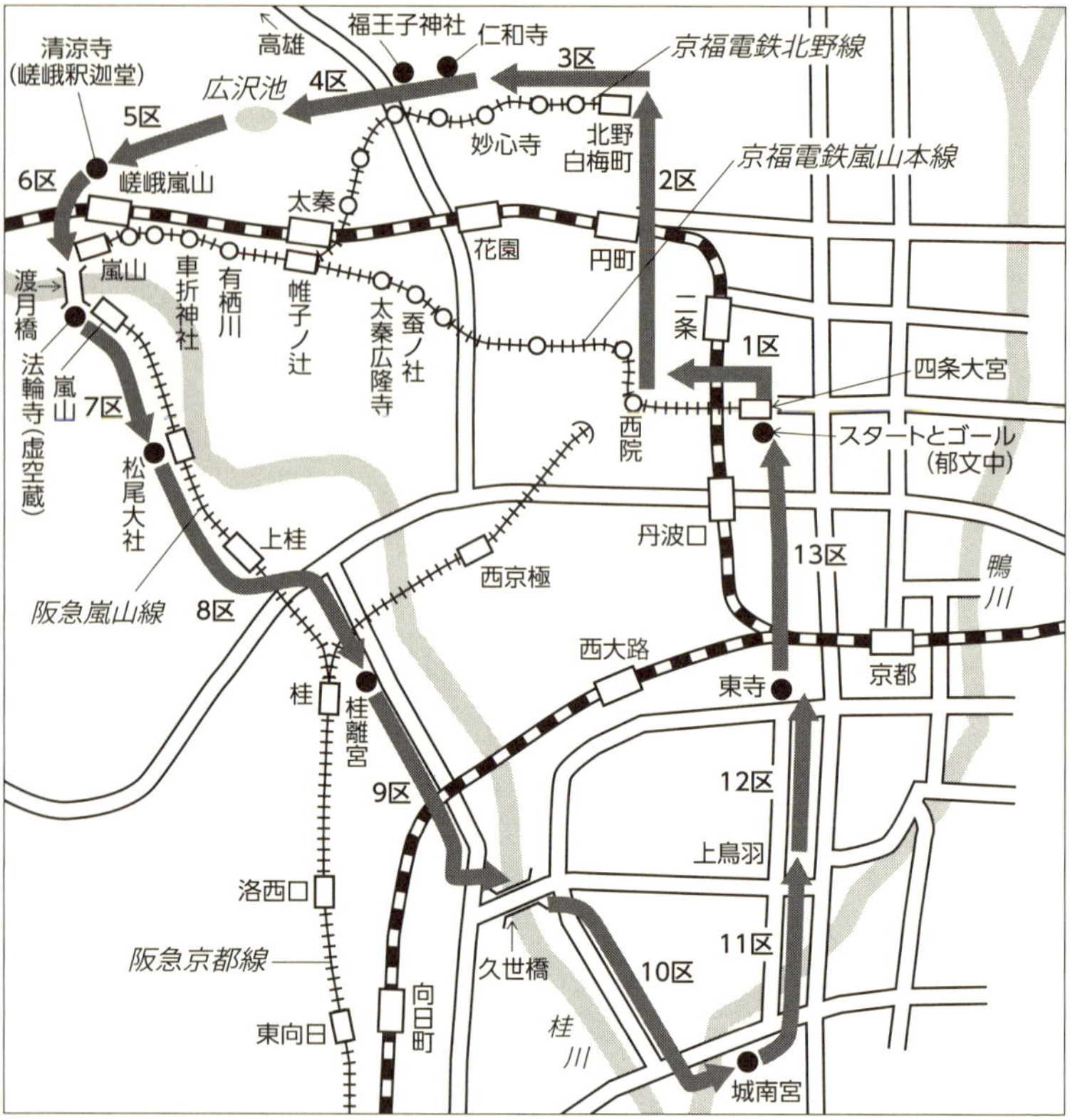

●鉄道は、JRの新幹線と地下路線を省略

仁和寺《にんなじ》の大きな二王門までは、すぐだった。それを右手に見て、苦しいながらも走り続けた。「ヒタ、ヒタ……」と、後ろから迫ってくるランナーの足音と息遣いが聞こえる。それが次第に近づいてきて、懸命に走る私を追い抜こうとしている。

やがて福王子《ふくおうじ》神社まで来た。ここで右に行けば高雄である。ランナーは左の宇多野《うだの》への道に進む。広沢池までは、ゆるやかな登り下りが続く。京には珍しく大きな曲がり道があるコースで、とっても長く遠かった。

私がタスキを渡すのは、広沢池で待っている女の子である。彼女の区間は広沢池から清涼寺（嵯峨釈迦堂）まで。その先は渡月橋や松尾大社である。

どんなに頑張っても、先を走るランナーを抜き切れなかった。また、後から来るランナーに抜かれもしなかった。そして、その苦しかったこと。いつ思い出しても息苦しくなってくる。

＊

私の一年六組は男子二十四人、女子二十一人だった。誰が駅伝のランナーになるか、学級委員会の話し合いで決める。議長はクラス委員長の岩根六郎だった。女子二人は、すぐに手があがった。走ることでは誰もが認める二人なので、なんなく決まった。

男子ランナーの十一人も、走り自慢の七、八人は早々に決まったが、そのあと三、四人の出場希望がない。いくら議長が声をかけても、なかなか決まらない。それを見かねて、とうとう私が手を挙げてしまった。

痩せたチビで、加えて風邪も引きやすい。走りが得意というわけではない。そんなことなど忘れて手を挙げた。いったん名乗り出ると、もう引っ込めるわけにいかない。

その後の練習には熱心に取り組んだ。学校が終わって、いったん家に帰る。夕刻になると、毎日のように堀川通を歩いて二条城まで行った。二条城の周囲を周回するコースで夜の練習をしてきた。だから、ある程度の自信を持っていたのだが、前を走るランナーをごぼう抜きにするなどは、とうてい出来なかった。

駅伝大会は一九五二（昭和二十七）年のことだった。

京の町にモータリゼーションが押し寄せるのは、その後のことである。急速なバス路線の整備と車の普及で、クラス対抗駅伝はこの年限りとなった。

その後、この駅伝コースの二区、つまり西院から白梅町の間は、年末の高校駅伝の都大路コースの一部となっている。新年の都道府県対抗女子駅伝（皇后盃駅伝）でも同じである。

ずっと後、京を離れて海外に滞在することが多くなったとき、年末と年始の京の駅伝をテレビで観戦することにしていた。あの中学一年生のときのクラス対抗駅伝が、そして京の町の通りの家並みの様子が思い出されてならなかった。

2　電気洗濯機の街頭宣伝、テレビの登場

その日、学校から帰ると、家の前に大勢の人だかりができていた。いったい何事かと走って行くと、二人の若い女の人が、大勢の人たちに向かって説明をしている。人垣をかきわけて前に進むと、二人の間にドラム缶ほどの円筒が置いてある。上は大きく開いている。円筒の縁に二個のローラーにハンドルが付いた装置がある。

昼の松原通を通行する人たちが取り囲んで、女の人の説明を熱心に聴いている。ドラム缶のなかでは衣服が水浸しになっていて、宣伝隊の女性がスイッチを入れると、ゴトンゴトンと左に右に水流が生じる。やがてスイッチが切れて水流が止まる。

ドラム缶のような丸い水槽から濡れた洗濯物を取り出して、水槽の縁に固定したローラーに挟み込む。ローラーのハンドルを回すと、まるでスルメを伸ばし器にかけたかのように、濡れた衣服は水をしぼられて、ぺたんこになって出てくる。それを見物の人たちが目を丸くして注目している。

＊

中学二年生になったばかりの私が、家の前ではじめて電気洗濯機を見たときのことである。

自分の進路を考えはじめる中学三年生となる頃、私の家の店を飾ったのは、電気洗濯機よりもテレビだった。高校受験の準備をする時期なのに、小さな電機店のわが家は、しだいに騒がしくなった。

ＮＨＫが大阪と名古屋でテレビ放送を開始したのは、一九五四（昭和二十九）年三月である。まさに、中学三年生になる春のことだった。

テレビ番組は、なんと言っても柳家金語楼が男性チームのキャプテンをした「ジェスチャー」。次が大相撲の実況中継、そして年末は大晦日の紅白歌合戦で、モノクロながら店の前の松原通に人だかりができた。

「私の秘密」も人気番組の一つだった。ときたま実況中継される力道山のプロレスは、誰もが興奮した。テレビは電気洗濯機、電気冷蔵庫とともに「三種の神器」と言われるようになった。

3　仮装行列「紀元前一〇〇万年」

妙心寺から広沢池まで走る学級対抗の駅伝ランナーを引き受けたり、水の入ったバケツを両手に持って立たされ、先生からビンタを食らったりの「おっちょこちょい」の日々が続いていた中学二年生の秋だった。運動会での仮装行列の出し物は、クラスで話し合って「日本昔話」と決まった。

担任は国語を担当する温厚な内海博先生。垂水英司が学級委員長で、背が高くハンサムな戸田宣孝や吉岡睦高もいた。女の子に岡田幸子《さちこ》や木原政子がいた。

私は小さくて痩せていたのに「日本昔話」の金太郎に扮した。お腹に付ける金太郎のシンボルは、兄嫁のマーちゃんが縫ってくれた。吉岡は弁慶である。ふだんあまり口を利かない女の子たちに牛若丸、かぐや姫、花咲か爺さんのおばあさん役を命じた。

その一年後の三年生の運動会の出し物は「紀元前一〇〇万年」だった。

担任は社会科の中嶋一男先生で、前記したようにニックネームはチャップリンである。学級委員長はどこか達観したような雰囲気の田井中一郎、女性は運動も学業も抜群の山崎澄子である。後に歯科医を開業する本多隆彦がいたし、山路清治もいた。

堀川高校に進学したのち京大に進んだ読書家の横村哲もいた。彼はすでに中学三年生で哲学者のような雰囲気があった。そんな級友たちが、力を合わせて仮装行列に取り組んだ。

運動会での仮装行列の出し物をクラスで議論したとき、二年生でやった「日本昔話」は少しやさし過ぎた。三年生だから、もっと迫力あるものをやりたい、という意見が出た。

その頃、黒澤明監督の映画「七人の侍」でみんなが泥だらけになるシーンを観ていた。海底の洞窟に潜んでいたジュラ紀の「ゴジラ」が、たび重なる水爆実験で東京に上陸して破壊の限りを尽くすという映画の宣伝も観ていた。それで、思い切って「紀元前一〇〇万年」を計画した。

木材と竹を組み合わせた、七メートルにもなる恐竜の制作を開始した。作業場所は教室横の廊下を使った。他のクラスでも何か制作をしていたが、わが三年八組の「恐竜」は、でっかい物になってきた。恐竜は紀元前百万年よりずっと以前に絶滅していたことなど、その当時は知りもしないし、考えもしなかった。

恐竜の骨格に続いて、身体の外枠も出来上がってくる。頭部には、竹を細工して組みあげたものを取り付けた。その外枠に何枚もの新聞紙を貼り付けると、恐竜らしくなってくる。胡粉《ごふん》(顔料の一種)をまぜたポスターカラーで下地を塗って、乾燥すると太筆で「恐竜」の顔と身体全体の装飾をした。

「恐竜」は、木材を井桁に組んだ上に乗せる。それを祭の神輿《みこし》のように八人で担ぐことにした。夜の間に他のクラスの連中が壊しにくることを警戒して、放課後は柵をして、夜遅くまで交代で見張りをした。

*

運動会の当日、クラスのみんなは水泳着に藁や木の葉をくっつけた衣装になった。顔と露出している肌、そして背中には墨を塗り付け、頭には古毛糸などで作ったかつらを載せた。

互いの顔を見ると、たちまちプッと笑いたくなる原始人の格好になった。

出番が近づくと、「恐竜」の前後を歩く十人ほどに、用意していた松明《たいまつ》を持たせた。先生には黙っていたが、それに火を点けて「紀元前一〇〇万年」の大プラカードとともに入場した。

運動場のトラックの周りに座っていた大勢の観客の保護者や生徒たちは、びっくりしたようだったが、やがてやんやの喝采をしてくれた。男も女も火のついた松明を手に持って練り歩いた。その火と煙に驚いた先生たちも、あっけにとられて見物している。そのなかを私たちは得意になって歩いた。

仮装行列の結果は「優勝」だった。

大きな花輪と表彰状をもらった。効果的だったのは火を点けた松明と、みんなの墨で化粧した原始人の身なりだった。

その仕掛けの一つは、私が家から持ち出した「からけし壺」の消し炭だった。いつもかまどで飯炊きをするとき、薪を消したあとは、母が言う「からけし壺」に入れている。それを使って大勢の原始人の仮装が効果的にできた。

運動会のあと、みんなで屋上に出た。優勝の花輪と賞状を中心に、ふだんの姿になってクラス全員で記念写真を撮影した。嬉しかった優勝のあと、高校の入学試験、そして三月の卒業を控えている。それぞれ自分の進路を考えて猛勉強を始める日々になった。

4　「禁じられた遊び」と「シェーン」

話は少し前に戻るが、クラス対抗駅伝の翌年、私は中学二年生になって教室は木造校舎に移った。

映画「禁じられた遊び」と「シェーン」は、その頃（一九五三〈昭和二十八〉年）に日本で公開された。

「禁じられた遊び」は、学校からみんなで出かける団体鑑賞だった。この映画で全編に流れるギターの曲は、とても印象的で耳に残った。けれど内容は少しわかりにくかった。

子どものミシェルとポーレットが主人公で、二人は十字架を集めている。墓場から盗んでくる遊びに熱中する。冒頭の空襲の場面と合わせて、この映画が反戦を暗示するものだと理解するのは、少し後のことになった。

この映画鑑賞のあと、学校に戻るとクラスのなかで誰がミシェルで、どの女の子がポーレットかという話題で持ちきりになって、何かといえば、カップルの噂話が長く続いた。

思春期のことである。思う人には思われず、思わぬ人に思われる。級友の間には、叶わぬ想いがあったかもしれない。

後年、八学級四百人の生徒たちのなかで、私の知る限りでも川村幸次郎と松本佐和子、松本喜男と矢追康子の二組が夫婦になって人生をともに歩んだ。

＊

十八才で就職したとき、はじめてもらった年末のボーナスでギターを買った。練習曲の一つとしたのが「禁じられた遊び」の全編に流れるギター曲で、映画ではスペインのナルシソ・イエペスが演奏していた。

就職すると暇は無かった、と言うよりも多忙な日々だった。けれど、なんとか映画を観る時間を見つけた。「禁じられた遊び」の映画監督がルネ・クレマンで、アラン・ドロンの「太陽がいっぱい」を観たとき同じ監督だと気づいて、改めて「禁じられた遊び」を思い出した。この映画の理解を深めるには、中学生から成人になる頃までの成長が必要だった。

それに比べてジョージ・スティーブンス監督の映画「シェーン」は単純な内容だったが、とても面白かった。「シェーン」のヴィクター・ヤング作曲の主題歌は、日本で雪村いづみが「遥かなる山の呼び声」"The call of the far-away hills"として歌った。この曲が大流行するのには、時期を合わせるように登場した電気蓄音機（電蓄）の普及があった。

私の店でも「遥かなる山の呼び声」を頻繁に流していた。回転しているレコード板の上に、兄に言わせると「夜露が降りるごとく、慎重に」針を置く。すると妙なる曲が流れはじめる。英語の歌では繰り返しの部分がポイントで、"I must obey the call of the far-away hills"とリフレインされる。直訳すれば「私は遠く彼方の山々から呼ぶ声に従わねばならない……」になるだろうか。雪村いづみが歌う歌詞は「遠い山のあの呼び声に今日も誘われてゆく……」である。

この歌は何度となく繰り返しレコードをかけて楽しんだ。やがて母が、リフレイン部分の英語の歌詞は「どうにか、なるわいなー」と聞こえると言い出した。

とんでもない言い方である。だけど、この文句のほうが、母には毎日使えるし、これで母は元気になれるようだった。明治生まれの母は、アメリカ音楽のリズムとメロディだけは大いに気に入ったのである。

そして意外なことに、私に「シェーン」の記憶がその先でも長く残るのは、母が小さく鼻歌にしていたこの「どうにか、なるわいなー」があったからだった。

*

京の町中で、多数の映画館が集中しているのは河原町通から一筋西にある「新京極」で、四条河原町にごく近い。北は六角通、蛸薬師、錦小路通、そして南の四条通までの五百メートルほどの商店街で、両側に映画館が並んでいた。

ざっと思い浮かべるだけでも、四条通から北に入ると、八千代館、美松《みまつ》大劇場、SY松竹京映、その隣に京都花月劇場、京都松竹座、京極東宝劇場、広場があって京都ピカデリー劇場、京都座、京都弥生座など。

河原町通に出ると、京都宝塚劇場、その二階にスカラ座、文化映画劇場、その向かいの東側に京劇、少し北に歩くと朝日会館があった。

後に高校を卒業すると、昼は大阪の電力会社の検針員として働き、夜は京都に戻って、金閣寺近くの立命館大学の夜間課程に学ぶ日々になった。時間の余裕など無かったはずなのに、新京極の映画館で二本立て、休日にはなんと三本立てを観ることもあった。

「シェーン」のジョージ・スティーブンス監督は、その前に「陽のあたる場所」を、そのあとに「ジャイアンツ」を監督している。「ジャイアンツ」の主演の一人ジェームズ・ディーンは、撮影終了の一週間後に自動車事故で急死し、遺作となった。

私が十代後半の青春夜明け前、その寸暇を過ごしたのは映画館だった。

3章 東寺の塔の聳ゆるところ

京の南北の通り、大宮通を走る市電は、四条通から東寺の塔のある九条通まで来ると、その軌道は左右にT字型になる。ここで左（東）に行く市電は東山方面に、右（西）に行く市電は西大路《にしおおじ》に進む。右行きの市電の停留所は「京阪国道口」「羅城門町《らじょうもんちょう》」「九条七本松」に続いて「洛陽高校前」である。それが私の高校三年間の通学路になった。

1　東寺の塔の聳ゆるところ

中学も三年生になると高校への進学が気になる。それには家の事情を考えないわけにはいかない。その頃、私の家は母、郁男兄、兄嫁マーちゃん、その子どもの芳博君と修君の六人家族になっている。一家の柱は、関西電力の市内の変電所に勤務する三十才前の郁男兄である。

写真８　九条大宮の交差点から見た東寺の塔
左右に走っているのが九条通、それに直交しているのが大宮通。市電の軌道は、この地点でＴ字型になっていた。現在は市バスが走る（2024 年４月撮影）。

母とマーちゃんは、電機店のわずかな小売りと内職に汗を流している。内職は、近くの呉服屋が持ち込む和服の「たとう紙」とよぶ衣装紙の糊付け作業である。

わが家は借家で、家賃は私が月末に市電に乗って銀閣寺近くの北白川の家主の家に届ける。これは小学生の頃から続いていた。店番も日課だった。だから家のやりくりは見てきている。

高校に進むにしても、せいぜい夜間の定時制を覚悟していた。それなら堀川通四条の市立堀川高校に普通科と商業科がある。

＊

通っていた郁文中学校の三年生は男女共学で八学級。総勢三百八十人。校歌に「われら千余の若人《わこうど》は、翼連ねて羽ばたかん……」という歌詞がある。この歌詞の通り、一年生から三年生を合わせると千人を超える生徒たちである。八クラスの三百八十人のうち、良くできるのは堀川高校の普通科に進んで、京都大学を目指す。これが大勢の子どもたちの憧れの進路である。

あれこれと私なりに考えている様子を察したのか、兄が「昼間の高校でもよい。授業料なら母と協力して出してやる」と言ってくれた。

全日制に進めるなら嬉しいけれど、高校を卒業するときは、当然就職しなくてはならない。それなら比較的就職しやすい工業課程に進むのが有利だろうと思った。

＊

兄は一工《いっこう》と言われた京都市立第一工業学校を卒業している。それが母の自慢で、いつも私に聴かせてきた。家も小さいながら電機店をしている。だから、前身が京都市立第一工業学校で学校名が京都市立洛陽高校となっている学校の工業課程の電気科を目指すのは、ごく自然な目標になった。

ただ、自分なりに努力しているつもりだったが、ひいき目に見ても、せいぜいクラスで中の上くらい。洛陽高校の電気科を受験するには、相当に勉強しなければならない。

三年八組の大半の生徒は堀川高校の普通科を目指す。みんなの言うのは「四当五落」だった。つまり、合格するには睡眠時間は四時間。それが五時間も寝ているようでは落ちる、と言うのである。

そんななかで準備を続け、受験したのは二月の寒い日。あいにく熱を出していた。心配した母は、それまで学校には行ったことがないのに、思いあまって担任の中嶋先生にまで病状を伝えに行ったらしい、ということは後日に知ったことである。

卒業生が「仰げば尊し」、在校生は「蛍の光」を歌う卒業式は、予行のときから女の子のなかには涙を見せるのがいた。式の当日は講堂のピアノの音が、いつもより厳かに響いた。それらの雰囲気につられて、感傷的に中学の三年間を思い返したのだった。

＊

桜の蕾《つぼみ》がふくらむ十五才の三月下旬。「さくら咲く」で合格できた。

郁文中学校から洛陽高校の電気科には、藪下清二、川村幸次郎、西川明、そして私の四人。機械科に芝野弘、中村昭夫、塚本清英の三人、色染科に大野嘉宏、中村俊彦の二人が進んだ。

高校のバッジをつけた学生服を着て、大宮松原の電停から市電に乗って通学した。市電に乗ると、大宮通を南に走って、国鉄の大きな跨線橋を越えて九条通まで一直線。「九条大宮」の電停のすぐ前には、東寺の塔が聳《そび》えている。

ここで市電を乗り換えて九条通を西に「羅城門町」を越え、西大路近くの「洛陽高校前」まで行く。家を出てから三十分たらずの通学時間だった。岩上通高辻の染物屋の中村俊彦は、朝、松原通に出てくると、家で待っている私と一緒に大宮松原の電停で市電に乗って登校する。それが習慣になった。

入学した高校の校歌の一部に「東寺の塔の聳ゆるところ〜〜〜」がある。東寺は三年間の通学の行き来に馴染んだ風景だった。東寺の塔は、日本で最も高い木造建築物である。

当時の洛陽高校には、男女共学の普通課程、商業課程あわせて六学級のほか、工業課程に電気科、機械科、色染科、紡織科があった。

色染科と紡織科は、いかにも京らしい。電気科の二学級は男子ばかりだったけれど、普通科、商業科には女子生徒も多かった。学校には大学のようなバラエティがあった。

郁文中学校の私の同期生のなかには、堀川高校に進み、憧れの京都大学に入学した者もいる。私の知っているだけでも、横村哲、垂水英司、松本喜男などがそうである。

また、堀川高校に進んで、そののち著名な音楽家になる大野克夫（作曲家）と浅井敬一（合唱指揮者）がいた。その頃、京都市の公立高校は総合制、学区制、男女共学制の高校三原則をかたくなに維持していた。

2　祇園石段下、フルーツパーラー八百文

「おっちょこちょい」がドキドキしながら、生まれてはじめてフルーツパーラーに入った。

四条通のどん詰まり、祇園石段下の南西角にある八百文、その二階だった。店いっぱいに盛

大な果物を扱う商店の二階である。

高校二年生の私が以前から憧れていたフルーツパーラーである。八坂神社には大晦日に「をけら火」をもらいにくる。その火縄に点けた火で元旦の雑煮を作る。それが習わしである。をけら火をもらいにくるたびに、八百文の二階を見上げて、とても一人では入れそうにない喫茶室を見ていた。いつか彼女ができたら、こんなところでデートしたいなあなどと、叶わぬ夢を思い描くだけだった。

だが、私が「おっちょこちょい」ぶりを発揮して、このフルーツパーラーを、中学時代の恩師と、兄嫁マーちゃんの末の妹の恵美ちゃんとの初対面の場所に選んだ。

ここなら修学院から来る中嶋先生は便利である。今熊野から来る木村の恵美ちゃんには、私が四条大宮から来て祇園石段下で会う。そして二人で一緒に中嶋先生に会い、恵美ちゃんを紹介するのに好都合の場所である。初対面のあとはお二人で円山《まるやま》公園をランデブーされると、きっと良い進展があるに違いない。そこ

写真9　マーチャンの妹恵美さんと中嶋一男先生
２人の婚約時代、修学院の中嶋先生の自宅で。高校２年生だった筆者が撮影した。

までは高校二年生の私の思惑である。

店内に入ると、八坂神社の西楼門と石段、そして目の下を走る市電が見える明るい窓際の席に、先に来た中嶋先生が待っていた。

私は恵美ちゃんを紹介すると、目の前に出てきたみつ豆をご馳走になって、すぐに退散した。

＊

高校二年、十六才の夏だった。

昼の人通りの少ない松原通。私は扇風機の風に当たりながら店番をしていた。太陽の照り返しの強い日盛り、その路上を忘れもしない中嶋先生が歩いている。

表に飛び出して短い挨拶をした。先生は受け持ちの生徒の家庭訪問に回っているところだという。盛んに汗を拭くのを見て、すぐに家に入ってもらって、母が麦茶を出して挨拶をした。

中学三年のとき、この先生が担任で、私の進路を心配させたに違いない。私がいま通っている高校のことを話すついでに、冷やかすつもりで「結婚は、まだですか？」と尋ねてみた。

以前チャップリンのニックネームをつけた先生が、すこし照れて、まだ結婚していないと言う。中学三年生のとき、修学院のすぐそばの大きな家に遊びに行って、ご両親が畑仕事をされていることは知っていた。

「うちの親戚に、市内の中学校で保健体育の先生をしている人がいるんですが……」と、いきなり隠し玉を放った。もちろん、その場の咄嗟《とっさ》の思いつきだった。母は驚いて「先生に差し出がましいことを言うものではない」と叱った。でも私は、へっちゃらだった。それがあって、八百文のフルーツパーラーに入れたのである。

＊

八百文のみつ豆を食べ終わると、祇園石段下から四条通を走る市電に乗って大宮松原で下車し、家にすっとんで帰った。この日の首尾を母に話した。「あんたは本当に、おっちょこちょいね」と言われたが、二人は仲良くお話しされていたよ、と報告した。

あとの話がどのように進んだのか私は知らない。もはや、そんな余裕のない高校二年生の秋と冬だった。

翌年の春、修学院の中嶋先生の立派な屋敷で先生と恵美ちゃんの結婚式があった。お仲人は、わが兄と兄嫁マーちゃんである。キューピッド役をした「おっちょこちょい」は、表舞台には出ないものである。

まもなく高校三年生になる私は、松原通の家で甥っ子たちと留守番役だった。そうして私が高校を卒業する頃に、お二人には長男の哲くんが誕生したのだった。

3 「堀川」が映画「夜の河」になった？

祇園石段下の八百文のフルーツパーラーに行った高校二年の夏は、平安高校が甲子園で戦後二度目の五年ぶりの優勝をした夏でもあった。このとき松原通に実況中継を流したのは、店で見本に置いていたテレビである。

もう真空管ラジオではなかったし、野球試合の得点表を紙に書いて掲示することもなかった。平安高校が県立岐阜商業高校を相手に三対二の接戦をした、手に汗にぎる優勝戦だった。

その夏が過ぎた頃だった。

まったく知らない高校生から、私を女生徒だと勘違いして文通を申し込む手紙が舞い込みはじめた。

なぜだろうと不思議に思っていた。

ある日の新聞記事で映画「夜の河」の批評記事を見た。映画の主人公が「舟木きわ」とある。それだ、と気づいた。

この頃、学習研究社（学研）が月刊雑誌の『高1コース』を、旺文社が『蛍雪《けいせつ》時代』を出していた。そのどれかに私の読書感想文が掲載されたことがあった。それで、私をてっきり女生徒だと思い込んだ読者の高校生たちが、文通を申し込んできたのである。なかには熱烈なラブレター調のものもある。

これは、郁文中学校のペリカン先生の野崎先生が朝礼で繰り返していた生徒たちに文通を勧める「郵便友のくわぁい」の話が、全国的に広まっていたことも関係していたに違いない。

＊

日曜日に新京極の京極大映に行った。

それまでにも、学校の定期試験が終わったあと、新京極の映画館に飛んで行くことはあった。米国の初のシネマスコープ、一九五三（昭和二十八）年に公開された「聖衣」には圧倒された。ジーン・シモンズの美しさに見とれて、外国人女性は美しいと思い込むようになった。そしてオードリー・ヘップバーンの「ローマの休日」やジェームズ・ディーンの「エデンの東」を観た。

しかし、この日の「夜の河」のように日本映画を観るのは珍しかった。映画は京都や奈良が舞台である。吉村公三郎監督の作品で、ミス日本になった山本富士子が主人公の「舟木きわ」役。上原謙が大学教授「竹村幸雄」役で出ている。

舟木きわは京染屋の長女で、西陣の伝統的な京染の創作に取り組んでいる。新しい境地を切り拓いて、次々と新商品を発表している。ある日、新しいデザインを思案するため奈良を訪れ、大学教授と出会って恋愛が始まる。

映画には京都市内を走る市電、バス停、商店などと、家々の屋根また屋根の風景が出てくる。喫茶店の場面ではクラシック音楽が流れる。電車のなかで高校生たちがいきなり歌を歌いはじめるところがあるが、私たちもそんなことをしたものだ。

*

気になったのは、この映画の題名「夜の河」こそ西陣織の染料を流す「堀川」を意味しているのではないか、という思いだった。堀川は私の家から東に歩くとすぐである。松原橋が架かっていて、欄干の上などが小学生の頃の遊び場だった。

清流ではない、大河でもない。上流の西陣のほうから、ゆるやかに流れてくる。河の幅は一メートルもなく、淀んでいて底は浅い。染料の濃い藍色の水である。それが「夜の河」として京の町なかの流れにたとえられると、小説になり、そして映画にもなる。

確かに映画撮影では世界に知られる宮川一夫が撮っているだけに、見事な色彩美の映画だと思った。

主演の山本富士子は、兄がマーちゃんと結婚した年、一九五〇（昭和二十五）年に、七百人もの応募者のなかから京都代表で出て、第一回ミス日本の栄冠に輝いた。大阪生まれながら京都御所近くの京都府立鴨沂《おうき》高校を卒業していたので、京都人の話題をさらった。

翌年にミス日本として公式訪米し、ニューヨークのヤンキー・スタジアムでマリリン・モンローとジョー・ディマジオに会っている。これも高校生たちの間で大きなニュースになった。私を可憐な女子高校生と思い込んで文通を申し込んでくる多数の手紙に、何と返事をしたものか。けれど、そんなことに余計な時間を割いてはおられない。

「私は紀和と書いて『きわ』ではない。『のりかず』と読む男子生徒である！」と木で鼻を括《くく》ったような返事を書き続けた。

店のテレビでは、NHKの「私の秘密」や「チロリン村とくるみの木」が人気になっていた頃である。

4　定期試験の苦しみ、町歩きの楽しみ

郁文中学校の三年間は楽しかった。それにくらべて高校の工業課程・電気科の三年間は、クラブ活動をしている時間は無く、勉強だけで精一杯の明け暮れになった。

とくに定期試験はつらかった。三学期制だったので、夏休み前の七月、暮れの十二月、年度末の三月に定期試験があった。その三期にそれぞれ中間試験があって、年間六回の定期試験である。二か月に一回、約一週間が試験になる。国語、英語、社会、数学、理科の普通科目に加えて専門科目がある。京都府下の広域から通学する級友のなかには天才肌の連中がいて、彼らは定期試験が近づいても平然としている。勉強の得意でない者には羨ましく見えた。

ことに一学期末の定期試験は、祇園祭の前祭で山鉾の巡行がある七月十七日まで続く。お祭の時期に遊び浮かれないために違いない。学校がいじわるをしていると思った。

毎週の実験実習後のレポート作成には、意外に時間と労力が必要だった。猪飼康夫、石野輝夫、井尻幹夫、伊藤周《ひろし》、井上泰弘、岩谷《いわたに》健太郎、上田彰夫、上羽《うえば》弘と私は、第一グループとして三年間の取り組みを続けた。

＊

郁男兄は洛陽高校の前身の第一工業学校電気科を終戦直前に卒業している。私が入学したときの電気科の先生の多くは、兄が教わった先生たちである。なかでも後藤子達《したつ》、木村広美、杉原義雄、岩井陸路などの先生は、兄をよく知っている。

その上、小林忠義、安藤満州穂《ますほ》の二人の先生は、兄と同級生だったという。だから、これらの先生たちに監視されているような気分で過ごした。もはや「おっちょこちょい」ぶりを発揮することはできない。うっかり落第点は取れない。その思いがあって定期試験は苦痛だった。

定期試験のあとの数日は、ホッとする日々である。冬でなければ外出には下駄を愛用した。隣の下駄屋さん「桃太郎」で上品な久保のおばさんが選んでくれたものである。下駄の音を鳴らして向かうのは新京極の映画街、そして河原町通の「丸善」か「京都書院」の本屋である。松原通の家から近い書店「小坂青雲堂」を卒業して、数十倍の量の書籍を並べる河原町通の書店に通った。そして、しだいに視野と世界が広がって行った。

5　十七才の挫折

目の前に白亜の殿堂のような立派なビルがある。思わずそれをしばらく眺めていた。

この日、家から阪急電車の大宮駅まで歩いた。特急に乗って大阪の梅田まで来て、はじめて乗る地下鉄の一駅目が淀屋橋だった。ここで降りると、大阪のメインストリート御堂筋《みどうすじ》に出る。目の前にした大阪ガスの本社ビルを目指した。

ここに来るまで一か月はかかっていた。三年生の九月早々、廊下に求人募集が掲示された。学校から数名に限られる希望者の一人として、電気科科長で担任の後藤子達先生に頼み込んで応募書類を出した。

その書類選考が通って筆記試験を受験した。大阪外国語大学が試験会場で、ざっと見て五、六百人もの大勢の受験者がいた。とても無理かもしれないと思っていた。だが合格通知が届いて、次は四十人くらいになった受験者の健康診断。検査の人の前で素っ裸になる厳しいものだったが、それも通過した。

そして、この日に面接に来るように、との電報が届いた。案内された部屋には学生服の高校生たちが約二十人ほどいた。一人ひとりが順に呼び出されて別室に入った。

これが最終選考だと緊張して、ノックして部屋に入る。五人の男の人たちが並んでいる前に椅子が一つ。その横に立って胸を張って名前を言う。中央の人が、腰を掛けるように、と椅子を指さした。

志望の理由、家族のこと、愛読書などの質問が続いた。健康については、小柄で幼児のときは病弱だったが、中学校時代にボーイ・スカウトに入って野外訓練などで鍛えたことを話した。

兄は関西電力で電気技術者である。私は大阪ガスでガス技術者になりたい、暮らしに欠かせないエネルギーを供給するガス会社を志望した、と話した。特に難しい質問は無かった。落ち着いて答えたと思う。

帰り道で、ほぼ合格したような気になった。その気になると、もう採用されると思えてくる。

小中学校時代の同級生で、中学三年のとき同じクラスだった一人に山崎澄子がいる。彼女は勉強も体育も抜群で、堀川高校に進んでいた。私は工業課程のある洛陽高校に入学して彼女とは別になったが、秘かな憧れのマドンナの一人だった。

高校三年生の夏も終わろうとする頃、彼女が友人たちと松原通の商店街を歩いていた。このとき、たまたま私は店にいた。彼女に気づいて短い立ち話をした。

彼女も大阪ガスの就職試験を受け、もう合格通知をもらっている。来春の四月から大阪本社に通勤するのだと言う。ついつい調子に乗って、私も受験して面接まで進んだことを話した。

彼女と同じ会社に就職できれば願ってもないことだと思っていた。だが、そうはいかない。

＊

学校から帰ると、いつものように夕刻の店番をする日々。いまか、いまかと採用の合格通知が配達されるのを心待ちにした。

それまでの電報ではなく、封書が届いた。急いで開封すると「ご希望には添えない」との文面。不合格である。

ショックだった。思い描いた夢が、目の前でバッサリ拒否された。学校で一番早く就職が決まると思って、クラス独自の卒業記念のアルバム制作を引き受けたりしている。

それに、もう十月になろうとしていて、多くの会社の求人募集は終わりに近づいている。いまさら別の会社を受けることができるのだろうか。山崎澄子にも顔を合わすことができない。

この日から数日間、飯も喉を通らない。学校にも行かない。何もする気にならない。不貞腐《ふてくさ》れて離れの二階で寝ころんで、不運を呪う時間になった。

母は「片親だからかもしれない」とか、近所の人から「大阪ガスの人が、紀《のり》ちゃんのことを聞きにきた」と聞いたとか言ったが、そんなことはどうでもよかった。母もマーちゃんも盛んに慰めてくれた。何度も食べ物を運んでくれたが、ほとんど食べない日々だった。

兄は何も言わなかったが、ただ「何事も自分の思い通りに進むとは限らない。世の中にはお前の二倍も三倍も努力している人がいる」とだけ言った。

高校三年生、十七才の秋十月。就職試験に不合格となって、悲嘆の日々が続いていた。

あるとき、洛陽高校の後に京都大学法学部を卒業した八年先輩になる大島渚の講演会が、学校であった。私は、広い講堂に全生徒が参加したうちの一人だった。当時、松竹映画の若手助監督として活躍する大島渚の話は、沈み込んでいた私が勇気を取り戻すきっかけの一つになった。

大島渚は監督となって、俳優の小山明子と結婚。社会の底辺の男女の性愛を描いた「愛のコリーダ」は新聞などのマスコミを賑わした。さらにビートたけし、坂本龍一、デヴィッド・ボウイなどが出演する「戦場のメリークリスマス」は、国際的にも話題となり、その映画であらためて高校三年の頃を回顧することになる。

4章 十八才の出発

1 十八才の出発

半年後、十八才の春四月。高校を卒業して電力会社に入った。入社式は大阪の西九条だった。京都の実家から阪急電車で大阪の梅田に出る。そこで環状線に乗り換えて西九条駅。歩いてすぐに大阪北支店があった。

都島、淀川、西野田など大阪で知られる工業高校の卒業生たち男子四十数名が、学生服で集まった。京都からは私と能勢忠司の二人だった。兄が京都支店の変電所勤務をしていたので、私の勤務地は兄とは別になったのだと思う。

その十八の春は嬉しかった。

最初に受けたガス会社は採用寸前の最終段階まで進んだが不合格で、悲しくつらい日々を過

地図④　関西広域図

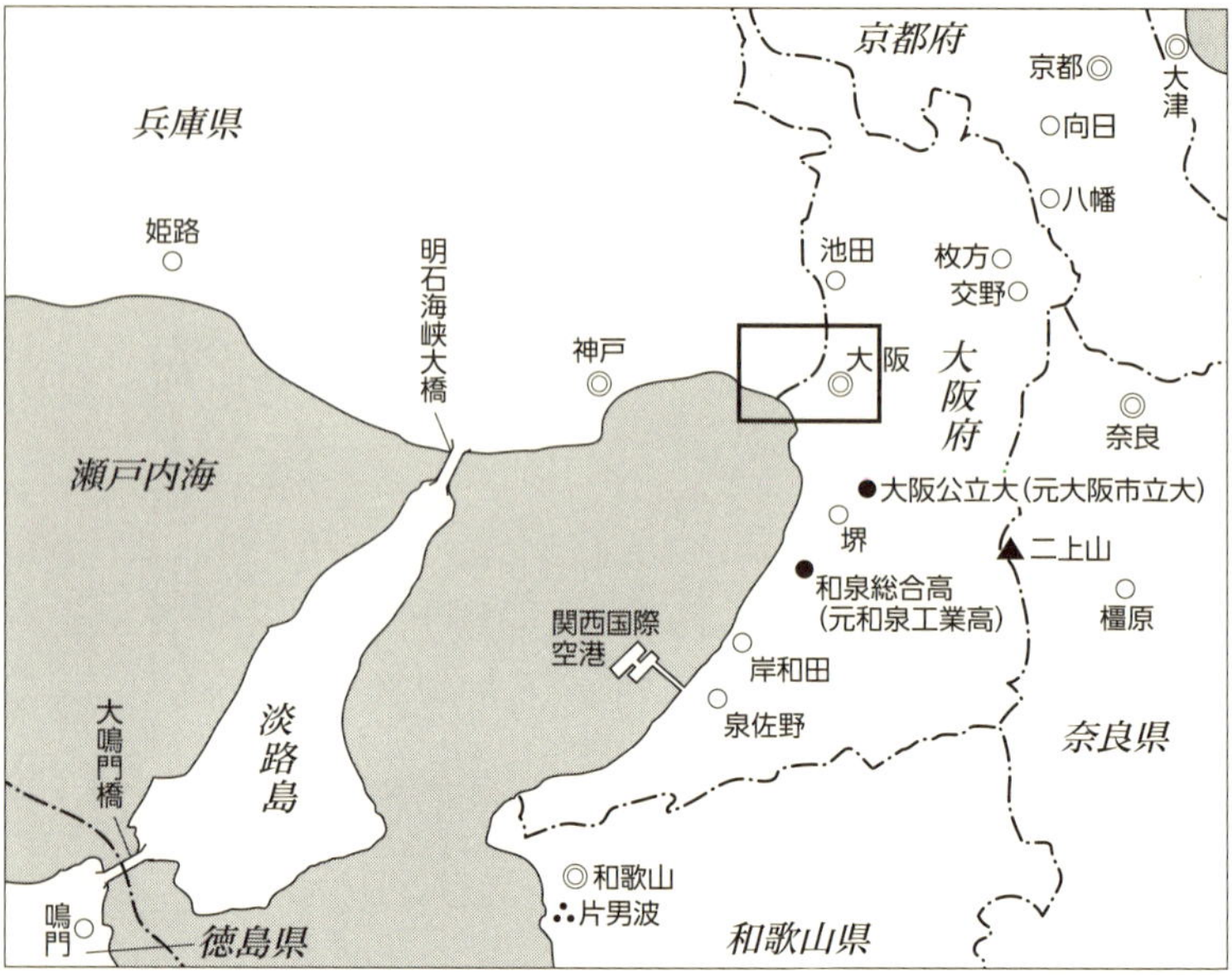

●太枠で四角に囲んだ所は、地図⑤に拡大して示した

地図⑤　著者の電力会社勤務関連図

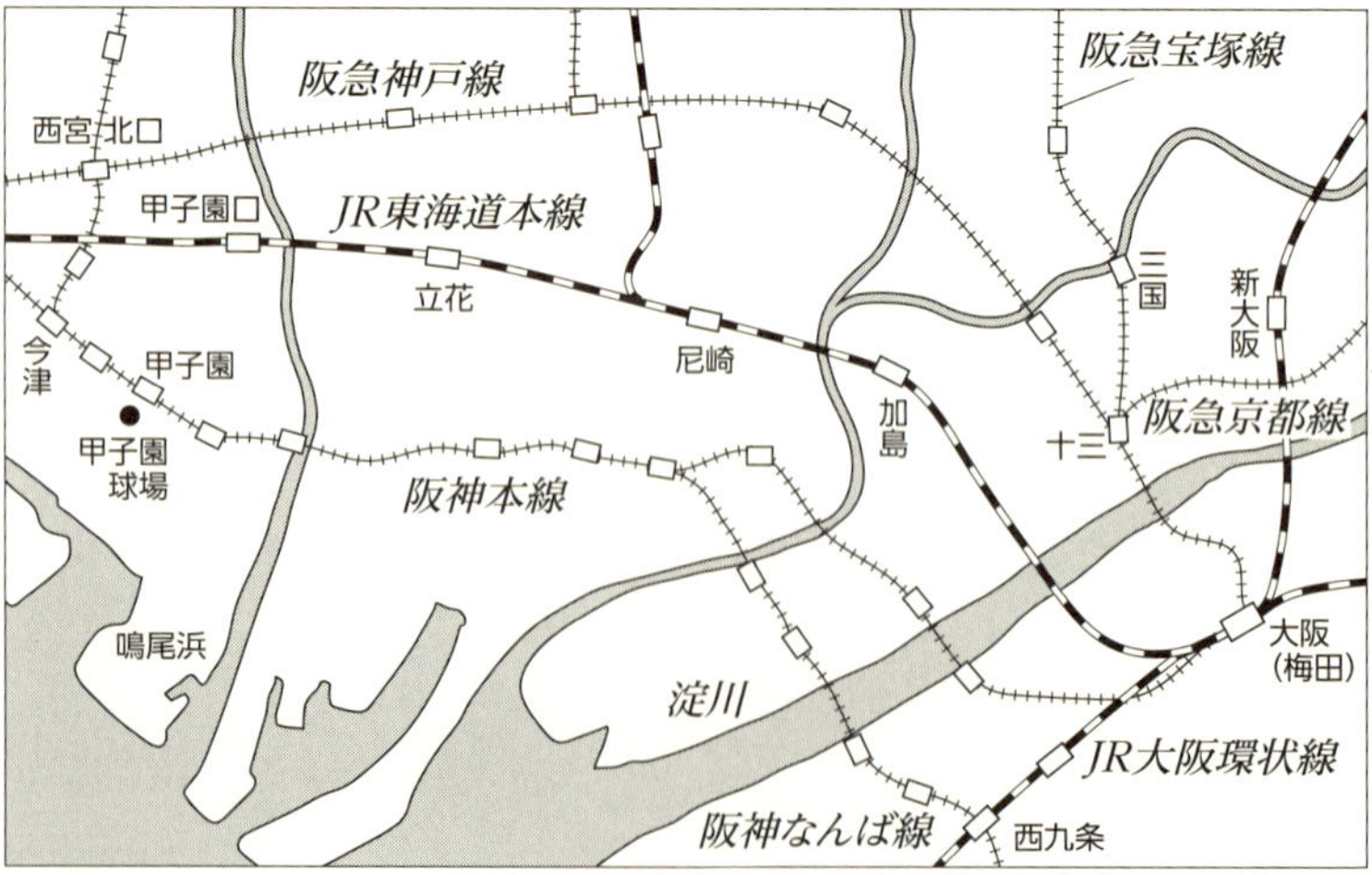

ごした。それも半年前のことである。なんとか就職して、母と兄から遠慮しながら小遣いをもらうことから解放される。本も服も給料で買える。初任給は八千円だった。

一か月の研修のあと、配属先は三国《みくに》営業所と決まった。京都の市内からは阪急電車を使う。淀川の手前の十三《じゅうそう》駅で宝塚線に乗り換えて一つ目の三国駅への往復となった。

五月から秋まではシャツ姿で通勤する。秋には給料をためて背広を買うことにしていた。

この会社で定年まで過ごす覚悟だった。幼児期から高校卒業までが長かった。早く自由が欲しかった。「おっちょこちょい」で、戦後の悲惨な時代があって、その上、幼児のとき喘息で苦しんだ。それでも負けん気を出して、好奇心を持ち続けての就職だった。

＊

三国営業所では石水忠、木村隆夫、矢野章夫が一緒だった。このうち木村は関西大倉高校卒で、いずれ事務職になるはずである。都島工業高校卒の石水と尼崎工業高校卒の矢野は、私と同じで電気科を卒業していて、この先で技術職になると思っていた。

配属先は料金課の検針係となった。月のうち二十日間は、毎日三百枚以上のＩＢＭのマークカードの束を持って、住宅や工場の電気メーターの指針を読み取り、カードに鉛筆でマークする。それが仕事である。

雨の日、風の日がある。炎天下も北風が吹く冬も、外歩きをする。身体は雨に濡れてもカードは濡らしてはならない。これを丸三年経験した。

四年目に、やっと配置換えになった。私は石水と矢野とともに同じ営業所の現業サービス課に所属を移した。

工場や家庭からトラブルの知らせが電話で入る。深夜でも早朝でも、百二十五ccのバイクで現場にかけつけて、電柱に登って対応する。昼夜勤務で、当然ながら夜勤のある変則的な休日の取り方をする。

これを三、四年経験すると、おなじ営業所の配電課に進む先輩が多かった。配電課は営業所では花形の職場で、事故現場には二百五十ccの大型バイクか、四輪車で出動する。

そのような高卒の先輩の様子は、数か月もすれば自然に見えてくる。三十数名の検針係だったが、なかには五、六十才の人もいた。人柄も良く実力も備えた中年でも、憧れの配電課から外歩きの検針係に配置されるのを目にした。何か失態があって左遷されたのだろうか、と思った。

そして、検針員を半年くらいした頃から漠然とした不安が湧いてきて、夜間に開講している大学を探した。金閣寺近くの立命館大学衣笠キャンパスに理工学部があることがわかった。とにかく受験してみる。合格したら検針員をしながらでも通学してみよう、という気持ちになった。

2 喫茶店で本を読む身分になるには？

朝から雨降りの日である。

就職して二年目、春に夜間大学に通いはじめて数か月が過ぎた梅雨のシーズンだった。

その日、手に持つＩＢＭのマークカードは三百枚。レンガ一つくらいの分量である。

阪急電車の宝塚線で池田駅まで行く。そこで下車して担当の区域に歩いて行く。ふだんよりやや少ない池田地域の三百軒の家の電気メーターを見て回る日だった。

朝、三国営業所を出て、傘をさして雨の中を三国駅まで歩く。駅の手前に、いつも前を通る喫茶店がある。曇りガラスの向こう側に、まだ早い時刻なのにコーヒーカップを前にした若い男女が見える。読書している男性もいる。

いったい、どうすれば雨の日でも、朝から喫茶店でお茶を楽しみ、本を読む身分になれるのだろうか、と思った。

＊

この会社で生涯の大半を過ごすことになる。そう覚悟して就職した。父親代わりをする郁男兄、それに兄嫁マーちゃんの兄の木村さん、マーちゃんのすぐ下の妹の恵子さんのご主人田河省一さんも、同じ会社の社員である。みんな定年まで勤めるつもりでいる。その仲間に私も加わった。

高校は工業課程の電気科を卒業した。けれど、しばらくは電気の専門的な知識や技術は何も

写真10　筆者の親族
左から、マーちゃんの兄の木村昭一、筆者、マーちゃんのすぐ下の妹恵子さんの婿の田河省一、その下の妹恵美さんと結婚したばかりの中嶋一男先生、郁男兄。筆者が高校3年生（17才）の5月、稲荷祭の日、松原通の実家の離れの2階で。

使わない検針員である。会社に持ち帰ったカードは、点検が済めば本社に送られ、大型計算機の読み取り装置で自動計算処理して請求金額がプリントされる。メーターごとの料金額シートが営業所の集金係に届く。集金係が一軒一軒歩いて集金する。

検針に歩く区域によっては、カードは六百枚になる日もある。私の苦手な犬を飼っている大きな家もある。工場などには、電気メーターが高い位置にあって指針が簡単には読めない所もある。単調なのに気の抜けない仕事である。

十八才で張り切って出発したのに、数か月で五里霧中を彷徨する山登りのように、当てのない日々になってしまった。

会社勤めが続く日々だが、わずかな時間を見つけると山とスキーに費やしていた。それが、ほとんど唯一の気分転換になった。

＊

写真 11　将軍塚から見た京都駅方面
将軍塚から展望する京都盆地の南側。中央のやや右手側に京都タワー。その左が JR 京都駅（2024 年 5 月撮影）。

前記したように、就職して二年目の四月から夜間大学に通った。夕刻の五時に勤務が終わると、京都に引っ返す。阪急電車の西院駅で下車。市電で西大路通の平野神社前の電停で降りる。徒歩十分で金閣寺近くのキャンパスに到着する。急いでも教室に着くのは六時半を過ぎる。

夜九時過ぎの授業を終えて、市電を乗り継いで松原通の家に帰るのは十時過ぎになる。夕食は食べない日もある。銭湯に行くのは授業が少ない日に限られる。土曜日か日曜日だけの週もある。

検針員三年目、夜間大学二回生の一九六〇（昭和三十五）年。六〇年安保反対闘争が激化して、大学の授業ができなくなった時期がある。この年の六月、東大生の樺《かんば》美智子さんが安保改定阻止のデモ隊に加わり、警官隊と衝突して死亡する痛ましい事態が生じた。

私たち夜間大学の学生も、河原町広小路にあった立命館大学の広小路キャンパスから出発し河原町通をデモする夜が続いた。河原町四条で左(東)折れし、祇園石段下に向かう。「安保反対、岸を倒せ」のシュプレヒコールの声をあげてのデモ行進である。

ふだんは市電の走る路面だが、左右に広がって、みんなで歩くのは痛快だった。やがて円山公園で解散する。そのあとは徒歩で将軍塚まで登る。ここから京の夜景を一望し、下界の紛争を忘れるひとときを過ごした。

やがて検針員として三年を過ごした年の春、私は同期入社の石水、矢野とともに現業サービス課に異動したのである。

作業着と工事用ヘルメット、電柱に登る胴綱、基本工具一式を支給された。ただちに現場の技術訓練が始まった。

3 阪神・巨人戦のナイターを横目に

その初秋の夜。阪神電車の甲子園駅で下車して、宿舎の鳴尾浜《なるおはま》の社員研修所の寮に向かって急いだ。

すぐ行く手の甲子園球場には、あかあかと照明が輝いている。大勢の観客から歓声がドッとあがる。阪神と巨人は宿命のライバルで、球場では熱戦が繰り広げられているに違いない。小学生の頃から野球中継はラジオで聴いてきた。阪神対巨人戦となれば、小さいときから阪神ファンを続けている。

このとき夜の甲子園球場の近くを歩いた記憶こそ、その先の人生での土台の一つになるものだった。困難な会社の寮暮らし、そして夜間大学の定期試験の時期に重なった日々である。

＊

夜間大学は三回生になる年だった。

大学は二期制で、秋と初春に定期試験がある。ちょうど秋の定期試験の時期に、会社の鳴尾浜研修所で一か月の宿泊研修を受けることになった。

高校で同級生だった京都支店上《かみ》営業所にいる森厚三も一緒になった。彼は井尻幹夫などと同じ職場で、二年間の検針員の後、現業サービス課に異動していた。

森厚三は私と同じように、入社一年目から夜間大学に学ぶようになって、私にはかけがえのない仲間である。偶然にも彼と鳴尾浜の研修所で顔をあわせた。

研修所には約五十名の受講者がいた。みんな高卒で、二年か三年、検針員を経験した男ばかり。すでに現業サービス課に転出して一年、あるいは半年の経験がある。

朝六時に起床。すぐに整列と点呼。ラジオ体操のあと朝食。八時半から午後五時まで電気技術の実習、法令・法規の講義が続く。五時に終了して、風呂と食堂での夕食。その後は受講科目の試験に備えた勉強をする。

ひと部屋の片側に二段ベッドが二セットあって、一室四人が十時の消灯でベッドに入る。そんななかで私は、通っている夜間大学の定期試験のことが気になって仕方がなかった。三回生の秋だから、試験を受けなければ一年半先の卒業はとうてい覚束《おぼつか》ない。何としてでも試験を受けに行かねばならない。

さいわいなことに森厚三がいた。二人で講師と寮の舎監に、こわごわ申し出た。五時に受講を終えて寮を出て就寝の十時までに戻ることを条件に、何とか外出を許された。

京都の金閣寺近くのキャンパスで大学の科目の定期試験が終わると、急いで市電と阪急電車、阪神電車を乗り継いで甲子園駅まで戻る。腕時計が門限の十時近くなるのを気にしながら研修所に戻る。

甲子園球場では、阪神と巨人が互いにチャンスを迎える接戦をしているのだろう。そんな想像をする余裕も無く夜道を急いだ。寮の電気を消した部屋に入ると、もう他の人たちはベッドで寝ている。

天井の照明をつけるわけにはいかない。手さぐりでベッドにもぐり込む。毛布を頭からかぶって、懐中電灯の光が漏れないようにしながら、会社の研修講座と大学の受講科目の試験準備を続けた。

このときこそ、在職した四年半のうちで最もピンチを迎えていた時期だった。

4　山とスキーに明け暮れる

昼の検針員、夜の通学。余裕の無い日々が続く。その憤懣《ふんまん》は、寸暇をみつけて出かける山とスキーで吹っ飛ばした。

少なくても給料が入る。ほとんどは貯蓄に回すが、のこりは自由にやりたいことに使える。高校時代はクラブ活動をする余裕は無かった。だから、その反動で、わずかな時間をみつけると、手当たり次第に手を出した。

労演や労音の催しは、大阪のフェスティバルホール、平安神宮近くの京都会館で楽しんだ。新京極近くに大流行していた歌声喫茶「炎」があって、そこにもかなり顔を出した。

しかし、わずかな時間とエネルギーは、もっぱら山とスキーに明け暮れることに使った。十代後半から十年くらいの年月を熱病にかかったようにそうして過ごした。

＊

高校の三年間で親しくなった友人に伊藤周がいる。

彼の父親の伊藤潤治さんは市の交通局に勤務していて、「山乃仲間」を主宰していた。十数名ほどの愉快な人たちの同好会だった。自然ななりゆきで、私も加えてもらって山登り、岩登り、スキーの手ほどきを受けた。

伊藤さんのスタイルは、やたらに高山を目指すのではない。むしろ低山の藪山を楽しむものだった。道無き道を藪漕ぎに汗を流して、知られざる三角点を探り、山頂で喝采をあげる行き方である。

吉野の大峰山《おおみねさん》の修験《しゅげん》道場にも連れて行ってもらった。肩たすきで保護されながら、恐ろしい懸崖《けんがい》から谷底を見る「覗き」も経験した。行者《ぎょうじゃ》から「親孝行をするか！」と喝を入れられた記憶が残る。

伊藤さんは中年ながら、すでに好々爺《こうこうや》の風格を帯びていた。

それに人柄の良さもあって、京都大学の今西錦司先生、京都市立美術大学（現・京都市立芸術大学）の教授で日本画家の奥村厚一画伯、さらには山とスキー用品店の「好日《こうじつ》山荘」を創設された神戸の西岡一雄さんなどとも親しくされていた。

＊

伊藤潤治さんの「山乃仲間」の新米メンバーの一人として、今西先生宅、奥村先生宅にお邪魔して、それぞれの謦咳《けいがい》に接することができた。とくに今西錦司先生が六十一才でキリマンジャロに登られた話は、長く記憶に残った。

奥村先生からはスイス・アルプスに出かけられたときのカラー・スライドを見せてもらった。あるときは、先生の作品が飾られている祇園の料亭でご馳走にもなった。私が夜間大学を卒業するとき、劔岳《つるぎだけ》の水彩画をいただいた。これは、その後も長く大切な宝物になった。

伊藤さんのお供をして、「好日山荘」を創業された西岡一雄さんを丹波のお宅に訪問したこともある。冬の寒い日だったが、立杭焼《たちくいやき》の酒器で日本酒をあじわい、いのしし肉の「ぼたん鍋」とともにご馳走になった。

給料をはたいて買う心づもりをしていたピッケルの銘柄を尋ねたとき、スイス製ならツェルマットのウィリッシュが「剛快」だと絶賛された。それで自分の愛用ピッケルはウィリッシュにした。

また別のときは、伊藤潤治さんに連れられて京都に来訪された北海道山岳会で探検家の加納一郎氏に会う機会があった。同氏は極地探検家、文筆家、翻訳家としても知られる。その直筆になる「探検とは　知的情熱の　肉体的表現である」の色紙をいただいた。その色紙に「一九六四・一・一五　京都にて加納一郎」の署名がある。これは私が二十四才になる初春だから、立命館大学の卒業直前のことである。すっかり茶色になった色紙だが、いまだに私を勇気づけてくれる。

こうして日頃の職場の雰囲気とはまったく違う人々と世界があることを知る、かけがえのない日々だった。

地図⑥　著者の登山関連図

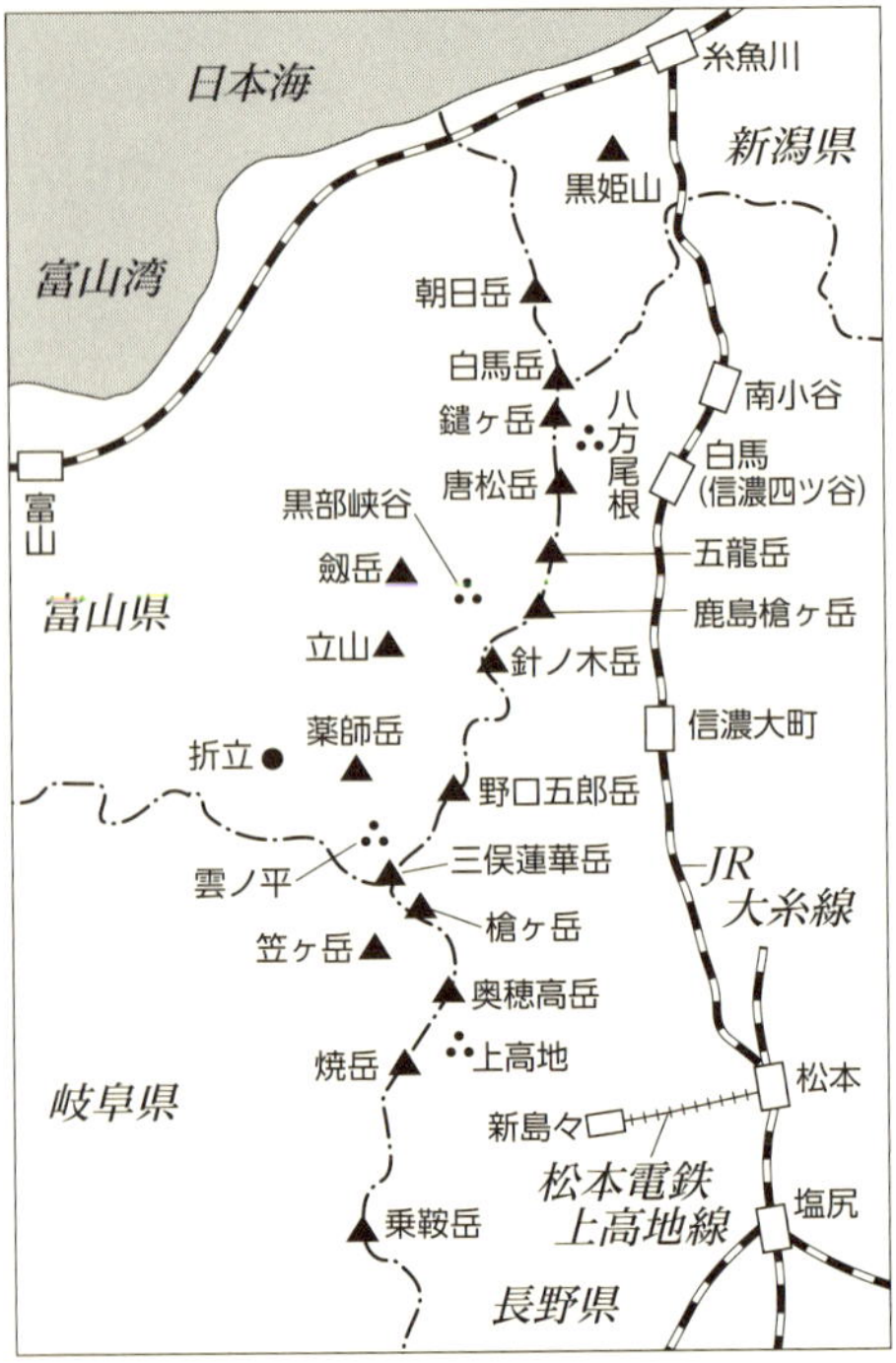

＊

登山靴とスキーはもちろん、冬山用にピッケルやアイゼンも買った。頻繁に使う機会は無かったが、自分の働いた給料で用意できるのは嬉しかった。

高校の頃から信州の夏山に連れ出し、その素晴らしさを教えてくれたのは、高校の同窓生の島田寿一と能勢忠司である。島田は三菱電機伊丹工場に就職していたので、毎朝出勤するときの阪急京都線では、同じ電車になる。能勢は関西電力の大阪北支店に勤務していた。

私の信州の夏山経験は、島田と能勢の後追いをするものになった。松本駅から大糸線の信濃四ツ谷《よつや》駅（現・白馬《はくば》駅）で下車する。白馬大雪渓から白馬岳の頂上を目指す。ここから唐松岳、五龍岳、鹿島槍ヶ岳と後立山《うしろたてやま》が続く。

深く長い黒部峡谷を挟んで、劔

岳と立山の表銀座コースの山々を眺めることができる。伊藤潤治さんに連れて行ってもらう低山の藪漕ぎとはまた違った、別の登山の醍醐味が経験できた。

夏山の次は冬山とスキーである。

その基地となったのは、大糸線の信濃四ツ谷駅から歩いてすぐの大谷文次郎さん宅だった。ここなら白馬岳に近い八方尾根に徒歩で行ける。中部電力の二股《ふたまた》発電所を退職した大谷さんのお宅は、夏山にもスキーにも泊めていただいた。年末も春スキーにも何度も出かけた。

一九五九（昭和三十四）年にトニー・ザイラーのスキー映画「白銀は招くよ！」が封切られ、主題歌が流行した。翌一九六〇年、猪谷《いがや》千春がカリフォルニア州スコーバレー・オリンピックに出場して、回転で十二位になった。そして私たち若者のスキー熱に拍車をかけた。

大谷さんのお宅には、私たちと同年配で信州リンゴのような頰をした一人娘の千晴さんがいて、てきぱきと世話をしてくれた。それも、私たちが競うように頻繁に大谷さん宅に出入りする理由だった。

高校の同級生の島田と能勢、それに伊藤周と私が加わって、時間さえあれば寄り集まって地図を広げることが多かった。

島田とは、東北の鳥海山を海抜一メートルから歩きはじめ、数泊のキャンプの後に山頂を目指した。頂上から眺めた日本海に浮かぶ島、それが飛島《とびしま》で、下山すると酒田から船で渡った。とれたてのイカそうめん、コブ鯛の刺身をたらふく食べて忘れられない夏を過ごした。

島田とは、三年先輩の藤岡泰治さんと三人で、スキーを担いで雪の伊吹山をヘッドランプ頼りの夜間登山をした。頂上で朝を迎え、麓《ふもと》の伊吹村まで一気に滑降したこともあった。伊藤とは、他の仲間数名と暮れの比良山頂にテントを張って、大晦日と新年を過ごしたこともあった。

この頃、上高地は聖地とされていた。

ここに入るには、松本から新島々まで電車で行き、そこから歩いて徳本峠《とくごうとうげ》を越えるのが山男の礼儀と言われていた。ある年の十月も半ば過ぎ、高校三年間の同級生で卒業後も昼の電力会社、夜の立命館大学でも一緒だった井尻幹夫と伊藤周と私の三人が、そのルートで上高地に入り、西穂高岳を目指したことがあった。大学は試験明け休み、会社は休暇を取った。

あいにくの雨で、徳本峠で足止めとなって小屋泊まりをした。小屋の番人は、東京電力を中途退職して山小屋暮らしをする中年の男だった。東京での単純なサラリーマン生活に区切りをつけて、綿入れ半纏《ばんてん》に手拭いをマフラー代わりの山暮らしをしていて、なんとも羨ましく思えた。

はじめての上高地は、雨傘が手放せなかった。明神池まで歩いて涸沢《からさわ》には辿りついた。しかし天候は回復するどころか、吹雪まじりになった。引き返す決断をするのも勇気が必要だった。荒天のなかを上高地に戻ってウェストンのレリーフで記念写真、その後は雨中の焼岳《やけだけ》山頂で満足することにした。

京都に戻って、同じ時期に西穂高稜線の吹雪状態のなかで数名の遭難死者が出たことを報ずる新聞記事を見た。私たち三人は遭難者を弔い、西穂高行きの断念に胸をなで下ろしたのだった。

＊

わが家では、松原通に面した立て付けの悪い戸締り用の数枚の板戸をやめて、スチール製の巻き上げシャッターに取り換えた。

木の板戸なら小さいくぐり戸があって、そこから静かに出入りできる。金属製の戸締りシャッターは「ガラガラッ」と大きな音をたてる。とくに夜の戸締りのとき、静まっている商店街に、かなりの騒音を発する。山やスキー行きでは、夜出て夜帰ることが珍しくない。頑固者の兄には毎回叱られたものである。

いつまでも、結婚もせず山とスキーに明け暮れていた。それで兄は、ご近所の迷惑を考えて思い切った手を打った。母と私に、大阪近郊の交野《かたの》市で京阪電車が開発した建て売り住宅に住むように、と命じたのである。

5　テープレコーダーと「いつでも夢を」

一九六二（昭和三十七）年九月、二十二才の秋、高卒で入社した会社を依願退職した。

手にした退職金で何か記念になるモノを手にしたかった。それで、変速機付き自転車と、店で発売されたばかりの小型のテープレコーダーを買った。英会話の練習をするつもりだったが、結局は吉永小百合と橋幸夫の「いつでも夢を」などを録音した。

夜間大学は四回生になっていて、半年後に卒業を控えていた。それまでの三年半は、大阪で昼間の勤務を終えて、京都のキャンパスに通学する。そのため授業の開始時間に間に合うことは無くて、成績は超のつく低空飛行を続けてきていた。

二十二才の秋、依願退職に漕ぎ着けて四年半の会社勤めは終わったが、あの憧れていた喫茶店で読書する時間は無かった。卒業単位を満たすには、四回生で受講する科目はどれも落とせないギリギリの状況になっていた。

高校時代の友人二人、島田寿一と伊藤周は、私とおなじように昼は職場、夜は立命館大学に通っていた。彼ら二人は、その秋に大阪大学の大学院を受験して、すでに合格している。春四月から退職して大学院生になる。本格的に研究者の道を歩きはじめる。では、私はどうするか。その課題にも急いで見通しを立てなくてはならなかった。

私が取れた唯一の道は、教師への転進だった。

夜間大学の卒業でも高校教員の免許は取得できる。時代は高度経済成長期で、工業高校の教員を志望する者に優遇措置があった。一つは教育実習が免除される。これは私のように時間が無い者にはありがたい。

教員免許を取得するには大学を卒業するのが当然で、それには大学の体育実習の単位を取得しなければならない。夕刻六時半の登校では、とうてい体育の単位は取れない。

大学側は、そのような学生向けに集中実習をしていて、夏は琵琶湖でヨット実習があった。だから職場の休日は、もっぱら琵琶湖通いに使った。二年がかりのヨット実習で体育の単位を取るとともに、琵琶湖の夏を楽しむこともできた。大学は、かなり緩やかな対応をして、学生を大切にする運営をしてくれていたのである。

こうして体育の単位は、すでに満たしている。

しかし四回生で登録した科目は一つも落とせないし、卒業論文を仕上げなくてはならない。その卒業論文は、普及しはじめていた制御シリコン素子ＳＣＲを基礎的な実技教育で活用することを題材にしていた。これなら店番をしながら、いつも修理作業をする机のスペースで取り組めた。退職して昼間の勤務は無くなって、朝から勉強に費やせる。買ったばかりの手許の小型のテープレコーダーから聴こえる吉永小百合の「いつでも夢を」の可憐な歌声が励ましになった。

6 「未来を信じ、未来に生きる」

この言葉は、忘れてはならない。立命館大学の総長だった末川博先生の言葉である。

二十三才の早春の肌寒い夜、河原町通の広小路キャンパスで卒業式があった。わだつみの像の前、そこで高齢の末川先生が、私たちと一緒の記念写真の撮影に応じてくださった。そのときの先生直筆の色紙が冒頭の言葉である。卒業証書、教員免許状よりも、この言葉を胸に新しい道を歩くことになる。

夜間課程の電気工学科の有志数名で卒業旅行をした。と言っても、行き先はごく近場で、京都北山の奥にある峰定寺《ぶじょうじ》である。人の訪れは、とても少ない。それだけに喧騒《けんそう》を離れた深い静寂がある。清水寺の舞台の原型と言われる巨大な木造舞台が残っていて、見る者に穏やかな安らぎを与えてくれる。

それぞれに難関を克服して夜間の四年間を終えた仲間たちと、ここでの滞在は心の底から癒される時間だった。わずかな人数だったが、春四月からの新しい出発に忘れ得ない記念になった。

＊

この後に、さらに四年間、昼は職場で夜は大学での日々が続く。そして、その先にも思いもしない前途がある。それは、まだ知らない頃だった。

新設の大阪府立和泉《いずみ》工業高校（現・和泉総合高校）に勇躍して赴任した。生まれ育った京の松原通を離れ、大阪暮らしを始める二十三才、桜花爛漫《らんまん》の春だった。

映画「シェーン」の主題歌「遥かなる山の呼び声」の英語のリフレインの部分、それを母は「どうにか、なるわいなー」と口ずさんでいた。この母の文句と末川博先生の「未来を信じ、未来に生きる」は、私の胸のなかで、長く心のエンジンを動かす両輪となり続ける。

先の加納一郎氏の「探検とは……」の色紙は、京の実家に置き忘れ顧みることはなかった。その言葉は、いつの間にか自己流に「冒険とは、知的好奇心の発露なり」として憶えてしまった。この冒険とは「人生の冒険」という意味である。知的情熱は幼い頃からの「好奇心」に置き換えて、もっぱら「いたずらっ子」気質と好奇心を発揮する日々になっていく……。

3部　大阪から京都に、そして東京へ

一九六三（昭和三十八）年、二十三才頃から
一九七七（昭和五十二）年、三十七才頃まで

二十三才の春、雲間から光が射し込みはじめた……。
十八才の春は人生の第一歩だった。
そして、ここからが第二歩になる。
この年、アメリカのケネディ大統領がダラスで暗殺された。
国内では初の高速道路の名神高速道路が開通している。
京の実家の近くでは、四条大宮までの阪急電車が
四条河原町への延伸工事を終了した年である。

19才のいたずら書き 3
岳人

1章 京から大阪へ

1 暗雲は動き、光が射しはじめる

中学校では立たされ坊主だったのが、赴任した学校では、初登校のその日から誰に会っても「先生」と呼ばれて、びっくりした。大学では最低の成績しか取れなかった。だから何だか面はゆい。そして「よし、やるぞ」の気持ちになってくる。

高校の同級生で、私と同じように就職二年目から夜間大学に通った友人に、島田寿一と伊藤周がいる。前記したように、二人は大阪大学の大学院に合格し、春から本格的に研究者の道を歩みはじめる。順調に行けば、三十才前後には博士号を取得して、それぞれ新天地で活躍をするに違いない。

私は二人の行き方が羨ましかった。できれば見習いたかった。もっと勉強もしたいとも思っていた。だが結局は、大学院に進むことはできなかった。就職しなければ自立できない経済的な理由があった。それに大学院の入試科目に英語とドイツ語がある。とても、それに合格する学力は無い。

大学の成績では、卒業することさえ危うかった。かろうじて大阪府立の新設の工業高校の教師になれたのである。赴任先は大阪近郊でも、もう和歌山に近い田園だった。

＊

もちろん、嬉しさいっぱいで赴任した。

目指すのは、天王寺駅から和歌山駅に向かう国鉄阪和《はんわ》線の信太《しのだ》山《やま》という絵に描いたような田舎の駅である。小さな駅舎から、れんげ畑が広がる。その向こうに白く輝く校舎が見える。両手いっぱいの広い青空にひばりの声を聞きながら、スキップしたい気分で田んぼ道を歩いた。

もう電力会社の検針員のＩＢＭカードや電柱登りともお別れである。喫茶店で本が読めるようになった。と言うよりも、本を読むことが仕事の一部になった。

これで生まれ育った京の松原通とは決別する。実家から通うには片道二時間はかかる。だから実家を出ることにした。赴任して、四月末の初給料は一万八千円だった。

勉強したいという思いは、次第に強くなってきていた。

探してみると、阪和線の沿線の杉本町駅の近くに大阪市立大学（現・大阪公立大学）の夜間課程がある。その学士入学試験を受け、文学部の心理学専攻の三回生に入学した。教養科目は、すでに単位を取得している。専門科目だけを履修する三年間である。

入学に先立って、心理学教室に出かけて面接試験を受けた。主任教授は大西賢明先生で、牧野達郎教授と生沢雅夫教授も同席された。

面接試験では、その頃、私が直面している問題を率直に話した。ここまで電気の勉強をしてきた。だが、電気技術者の資格検定試験に何度も不合格になっている。どうも心底から好きになれない。人は、そのような不得意なことを持っているとき、どのように解決すればよいのか考えてみたい。心理学は、そんな問題解決も対象になると思って志望したのだった。

緊張して出かけたが、先生たちは、とても好意的で温かな雰囲気だった。

私の思いを丁寧に聴いてくださり、救われる思いがした。面接のあと、生沢教授が心理学実験室を案内してくださった。いくつもの実験室があって、どの部屋にも修理が必要な装置が放置されていた。小さい頃から電気器具の修理には経験を積んでいる。「明日からでも修理します」と言うと、大いに助かる、と喜ばれた。

ここに自分が活躍できる場所があるように思えて嬉しかった。そして後日のこと、合格通知が届いた。こうして再び昼は仕事、夜は大学の暮らしが始まった。

*

新しい無我夢中の日々になった。

困ったことに、すぐに寝泊まりできる所を探す時間が無かった。赴任した学校は、朝八時半が職員朝礼、すぐにショートのホームルームである。昼間は時間割の通り週に十八時間の授業担当がある。新学期がスタートすると、もう一日も止まらない日々である。

夜も大学の時間割がある。こちらは同級生となる三回生に、大阪市立図書館に勤める松本隆、五回生で卒論に苦労している交通局勤務の好井国雄がいた。たった三人の学生である。だから授業は教官研究室のソファに座って受ける。外書講読の分担はサボれない。

山登りで言えば、いきなり難所の住まい探しに遭遇した。最初の数日間は京都の実家から何とか通ったが、朝は暗いうちに家を出て夜遅くに帰宅するから、短時間の睡眠しか取れない。すぐに次の日が始まる。通勤と通学の電車のなかで授業の計画を考え準備をする綱渡りの数日となった。

山登りやキャンプでなら、狭いテントでの寝泊まりには慣れていた。

それが現実になって、テント生活まがいの間借りをした。同級生の好井が窮状を察して紹介してくれた所があった。その二階建ての民家を訪ねたとき、老夫婦に案内されて、少しひるんだ。そこは階段の踊り場で、畳《たたみ》二帖きりのスペースである。布団を敷くと、作り付けの押し入れを開いて、足を入れて寝る。続き部屋の六畳間には別に下宿している学生がいて、彼が階下のトイレに行くとき、枕元を通って階段を登り降りする。

それでも、路面を走る車両が一両の阪堺《はんかい》電車上町《うえまち》線の「天王寺駅前」駅から乗って二つ目の、「松虫」駅で下車して歩いてすぐの所だった。ここなら、杉本町の大学の授業が終わってから四十分ほどで帰り着く。家賃も格安にしてくれる。それで緊急の滞在先にした。季節は春から初夏だったので、夏布団で過ごせた。

＊

駆け出し教師が住まいに困っていることは新入生たちに漏れたようで、保護者から一軒家を貸してくれる話が寄せられた。

赴任校の最寄りの「信太山」駅の一つ手前に「北信太」駅がある。そこから歩いて五分の所に、たしかに一軒家があった。

と言っても、田んぼのなかの農作業小屋である。実際、繁忙期に臨時雇いが寝泊まりするもので、ガタピシする両開きのガラス戸を開くと、狭い三和土の先に押し入れ付き六畳一間。ごく簡単な流し場がある。それきりの建屋で、トイレは外にある小屋掛け式である。

家賃も安くしてくれる。通勤にも通学にも阪和線だけで行き来できる。階段上の踊り場の二畳スペースに比べれば御殿である。ここに落ち着いたら、勤務校には自転車を使えば約十五分で行き来できる。風呂は、かなり歩いた所に銭湯がある。

何の文句も無い。新米教師のはじめての夏休みに、京都の実家から本格的に引っ越した。

夜間の心理学実験教室には、人が相手だから電気の実験とは違った面白さがある。

家族的な雰囲気で楽しく学習と実験に取り組むことができて、はじめて心から学ぶ喜びを経験した。

その醍醐味もあって、三年間で卒業できるところを一年延長せざるを得ない事態になった。生沢教授の推薦で、土日は京都大学の苧阪《おさか》良二教授のところに出かけることになったのである。苧阪教授の実験室では日本初になる眼球カメラ（アイ・カメラ）の試作が進んでいて、その電気回路の担当を任された。百万遍《ひゃくまんべん》の京都大学の心理学実験室に大手を振って出入りできるのだから、これは嬉しかった。

留年を続けていた好井国雄の卒業論文を手伝ったりして、相変わらずのお節介焼きだった。そうして四年を費やした夜間大学は、ゆっくりと好きな学びができて想像以上の好成績だった。夜間大学で学ぶのは、立命館大学から数えて八年間になった。

さいわいだったのは、赴任先の工業高校が開設一年目だったことである。最初の年の電気科は、第一期生の一年生の三学級だけである。ほかに機械科六学級、工業化学科が二学級だった。

電気科の教員は私を含めて四人。主任が柑本《こうじもと》順平、それに西端淳郎、安積隆。実習助手の鱧谷納《はもたにおさむ》がいて、彼と私が独身である。

はじめて経験する教壇、そして実験実習室で担当するのは入学したばかりの一年生である。私自身が高校の電気科を卒業していて、自分が教わってきたことを教えるのだから、授業の準備も戸惑わなかったし、教えやすかった。

　こうして、私の頭上の重たかった暗雲は動き、その雲間から、わずかながら光が射しはじめた。

2　大阪から京にUターン

　張り切って高校教師になって三年になる頃、二十二才で電力会社を退職したときの、例の「ここではない、他に行くべき所がある」という気持ちが涌いてきた。

　三年生の学級担任になって、はじめて卒業生を送り出す。その前に生徒と保護者を前にした三者面談をする。まだ十分に世間を知らない新米教師の私が、父母たちの息子の進路を話すのである。何とも僭越《せんえつ》なことに思えた。そして、一人ひとりに就職先を開拓しなければならなかった。

　それを何とか済ませて、初の卒業生たちを送り出した。自分の卒業よりも、よほど嬉しかった。教師として大きな喜びだった。

　しかし、それに続いてすぐ、待ったなしで新しい学級の担任をする。当たり前のことだが、この繰り返しで満足できるのか、という気持ちになる。少し疑問が生まれると、先々のことに発展して行く。身近には多数のベテランの先生たちがいる。それぞれ堅実な家庭を持ち、教職に打ち込んでいる姿を目にしている。

私は数少ない独身の一人だから、見合い話を持ってくる先生もいた。ありがたいことだが、このまま大阪の田舎で教師を続けるかどうか迷いはじめていた。

新設校だがクラブを創設する動きがあって、私は機械科の新野《しんの》静喜教諭などと山岳部の顧問になった。校費でテントひと張り、料理用のストーブ一台を調達した。週末に日帰りで近くの金剛山や滋賀の比良連峰での一泊などに出かけた。

三年生部員六人の卒業記念の夏の合宿は、山岳部が計画した。部長は機械科の箱田一夫で、私のクラスの脇田貴志は坂井定夫などと熱心に準備をした。

富山県側の折立《おりたて》から入山して、薬師岳から雲《くも》ノ平《たいら》、そして槍ヶ岳、奥穂高を目指す。私が何度も来ている上高地に下山するコースだった。当時はまだ秘境と言われた雲ノ平への一週間の山旅である。

十代の後半から、寸暇を山とスキーに明け暮れた経験は、おおいに役立った。もっとも、山岳部の顧問として高校生を引率する山登りである。彼らの健康と安全への配慮は欠かせないが、リュックの荷物は軽くて楽だった。

勤務校には、とくに不満は無かった。むしろ居心地が良かった。教師仲間だけでなく、図書館の司書の阪本一《はじめ》から新刊書の情報を仕入れ、休日の軽登山を楽しんだ。ただ周囲の多くは、何かと言えば「府立堺工業高校（現・府立堺工科高校）がこの地域の名門校だ」と言う。わが校は堺工業高校をお手本にするのが当然、という風潮が強かった。はじめから堺工業高校を超えるなどとは想像もしない。新設の最新の施設と設備を持つ学校に勤務しているのに何という発想か、と腹が立っていた。

私は、まだ駆け出しの教師である。でも、わが和泉工業高校を大阪の、いや日本のトップレベルにする心意気を持っていたかった。

*

一方では望郷の念が生じていた。

土日は夜間大学の先生の推薦で、京都大学の芋阪研究室に通い、アイ・カメラの試作に取り組んでいる。半地下室の薄暗い実験室だが、そこで英語の論文を点検し、開発研究の楽しさを経験している。京大には、市電に乗って百万遍か農学部前まで行き来する。京都で市電に乗っていると、やはり京都に戻りたいと思う。

高校のとき現代社会を担当してくださった中辻沢蔵先生とは、年賀状の交換が続いていた。その先生が、京都市教育委員会に転出されている。思い余って相談すると、「京都市の教員採用数はごく限られている。それでも、と希望するなら、まず採用試験を受ける必要がある」と言われた。

教師になって四年目、翌春の夜間大学の卒業を前にして、祇園祭の時期に採用試験を受けた。さいわいにも合格して、次の春四月からの京都市内の高校での勤務が内定した。もちろん、和泉工業高校の樋口誠一校長、電気科の柑本順平科長の上司からも承諾を取り付けた。そして京都へのUターンが実現した。

しかし、京の松原通に居住する郁男兄は、顔を見るたびに「早く結婚しろ」と言う。言うだけではない。前記したように、京阪電車の沿線の交野市に分譲住宅を購入していて、母と住むことを命じたのだった。

この頃は、京に戻ることが決まって相当に浮き足立っていた。

それで、ある女性にめぐり逢って、急速に結婚話が進んだ。小学生の時期からの友だちで二十才を過ぎる頃でも親しくしていた本多隆彦が、淳風小学校の前で歯科医院を開業している。そこで偶然に知り合った女性と結婚する気になって話が進んで行った。

*

二十七才の春。桜が満開の京都に戻ることができた。四月の陽光を肩に受けて、桜の花びらが舞う京の町を通勤する。

職場は京都市青少年科学センター建設準備室。所属は母校の洛陽工業高校（一九六三年、洛陽高校は改称して洛陽工業高校になった）の教諭籍となって、在籍校からの出向である。

勤務先の準備室は、千本通出水《でみず》の出水小学校に間借りしている。わが家の墓がある光清寺はすぐ近くで、二才のときに病死した父が呼び寄せたようにも思えた。

準備室に赴任して辞令を受け取った。その小学校の片隅に木造二階建ての「科学教室」があって、挨拶に行った。びっくりしたのは、郁文小学校のとき天体観測を教えてくださった江上賢三先生がおられた。

先生は私を憶えていない。けれど、食べる物も着る物も無い時代に郁文小学校に勤務されたことは憶えておられる。そのとき小学生だった私が科学センター建設準備室に勤務すると知って、先生は両手を広げてハグせんばかりに喜ばれた。

先生は、日本ではじめて手製の江上式プラネタリゥームを作ったことで知られる。そして長く科学教室を運営し、サイエンス・カーで市内を巡回する移動実験教室を主宰してこられた。その地道な取り組みが、二年後に伏見の藤森中学校隣接地に完成する予定の青少年科学センターの実現の基礎になった。その先生と一緒の職場で働く。こんなに嬉しく、そして誇りに思えることはない。

住居は、郁男兄がローンで手に入れた交野市の新築の建て売り住宅。平屋建てながら敷地は五十坪。京阪電車交野線の交野駅（現・交野市駅）まで約十分。そこから枚方《ひらかた》市駅に出て京阪三条まで。京阪三条からは市バスで千本出水である。家から約一時間少しで通勤できる。

しかも一方では、結婚話が着々と進んでいる。まさに、わが世の春というところだった。

だが、そうは問屋が卸さない……。

2章 予期せぬ波乱、そして修業は続く

1 好事魔多し

大阪から京都へ、念願だったUターンが実現した。

一九六七（昭和四十二）年四月一日土曜日。勤務先が京都市内になった初日。

この日は僚友の森厚三君の結婚披露パーティだった。彼とは電力会社に勤務していた時代、会社の宿泊研修と大学の定期試験がぶつかって、夜の甲子園球場の横を半泣きになって歩いた仲である。卒業後はともに高校教師の道に進んで、彼は大阪市立（現・府立）泉尾《いずお》工業高校で教師になっている。

パーティ会場は小学生の頃、盛んに泳いだ平安神宮前の疎水が近い教育文化センターだった。出産が迫ったマーちゃんを郁男兄が自転車で京都大学病院に運んだこともあった。そのとき小

学生の私が兄の自転車の後を追いかけた市電通りは、すぐそばである。

森厚三君の後を追うように、私も年内に結婚式である。

私より二つ年下の相手も何かと急いでいる。青少年科学センター建設準備室に通勤しはじめた四月のある日、結婚式の日取りを相談しようと思って、松原通の実家に電話をした。電話口には兄嫁のマーちゃんが出た。いつもは朗らかな声が、なんだか沈んでいる。どうしたのだろうかと不安になり、いやな予感がした。案の定、彼女が元気の無い声で伝える内容は一大事だった。

関西電力の京都支店に勤務している兄が三月中頃に職場で倒れ、緊急に家に運び込まれた。それが、いまだに家で寝ているというではないか。

郁男兄とは同級生の大宮五条で開業医をする武田医師が、頻繁に往診に来てくれている。しかし、本人は「頭が痛い」と言うばかり。会社から車で戻ってきて、ずっと寝込んでいる。もう二週間近く経過するのに、武田医師も病名は不明だと言う。

＊

とんでもないことになった。

郁男兄は私にとって父親代わり。回復の見通しが立つまで結婚話どころではない。実家に飛んで行ったが、私には何もできない。

すぐにできたことは、この事情を結婚話の相手にも伝えて、日取りを決めるのは延期して欲しい、と頼んだことだった。ところが、彼女と彼女の周辺からの反応には驚いた。たとえ兄弟が病気でも結婚式をあげる人はいる、と言うのである。

そうかもしれない。しかし、まずは見舞いの言葉があるのが当然だと思っていた。それだけに、いきなり冷や水をあびせかけられた気分になった。

その後も何度か会って話したが、ますます距離が遠ざかる。急に熱したモノは冷めやすい。いったん事態がネガティブに向かうと、それが加速しやすい。

約一か月間、自宅療養していた兄の病状が急変した。左の手足が麻痺する事態になって、主治医の武田医師は顔色を変え、緊急の手配で寝台車を呼んだ。私は大きくて重たい兄を背負って、松原通の小さい家の暗い狭い階段を降りた。

救急車を呼んだのでは、松原商店街の店舗や買い物客を驚かす。それで、店の前に来たのはハイヤー会社の寝台車だった。用意されたストレッチャーに兄を乗せると、松原通をゆっくりゆっくりと進んだ。

二十年前、小学五年生のとき、この兄の結婚式に出かけた。

そのとき生まれてはじめて彌榮自動車のハイヤーに乗った。その嬉しかったことが思い出されてならなかった。

車は松原通から大宮通に出る。南北に走る市電の軌道を避けながら、大宮五条、大宮花屋町と静かに動いた。三年生のときから卒業するまで通った淳風小学校の前を通過する。東海道線の跨線橋の辺りから東寺の塔が迫ってくる。高校の三年間の通学路だった。

懐かしいと思う余裕は無い。何とか兄が回復するよう祈って、心のなかで手を合わせた。伏見の第一日赤病院まで長い時間がかかった。

＊

大病院でも病名は不明のままだった。

頭の内部で出血しているのは検査で判明した。開頭手術をするか、それとも投薬で治療するか、主治医は直ちには判断しかねるようだった。結局、兄は身体が大きく頑丈なタイプなので、投薬を続けることになった。使う薬品は保険適用外の外国製の高価なものだという。その費用の支払いを事前に準備しておくように言われた。

兄と嫁のマーちゃんには、まだ中学生の修と高校生の芳博がいる。この事態で、適切な判断ができるのは私だけで、なんとか事態を乗り切らねばならない。しかも、悪いときには悪いことが重なる。

松原通の小さい電機店は借家だった。

私が小学生の頃、北白川の家主の家に家賃を払いに行っていた。兄が入院しているこの時期に、ふだんは顔を出さない家主が家を明けてくれと、突然やってきた。もちろん時価の相場価格で買い取ってくれても構わない、との強談判《こわだんぱん》だった。

　この事態で久し振りに松原通の家に泊まる日が続いた。

兄のいない夕食の食卓で、いつもは朗らかなマーちゃんが涙を流す。それを見るのはつらかった。四月中旬に入院してから約一か月、投薬治療を続ける祈るような日々が続いた。

兄がやっと意識を取り戻したのは五月中頃のこと。病院のベッドのなかで、「あれ、いま自分はどこにいるのだろうか?」と思ったという。それまで家で寝ているとき、家族にも見舞い客にも自分の口で話をしていた。しかし、その記憶はまったく無いという。会社で昼食の後、とても気分が悪くなったことは思い出せるという。およそ二か月間の記憶は何も残っていないのである。

　その後も高価な投薬を続けた結果、兄の病状は担当医師が驚くほど回復して、秋風の吹く頃に退院できた。そして数か月は自宅療養と通院で慎重なリハビリが続いた。

　兄が勤務する会社は、もう過密な仕事はできないことから閑職を用意してくれた。なんとか通勤が再開できたのは年が明けてからだった。兄は松原通の家から京都駅前の会社にリハビリを兼ねてゆっくりと歩いて通勤しはじめた。

*

　結婚直前まで進んだ話は、遂に破談となった。

そして、まもなく耳にした風の便りによると、彼女は早々に市内の自営業の男性と結婚したという。その後、なんと一億円もする家を建てているとも伝わってきた。人の噂は駆けめぐる。京は何とも狭い町である。

何の財産もない安サラリーマンの私には、とうていできない。しあわせになっているなら、申し分ない。しかし、お調子者の私の思慮と判断が、彼女にも、また周囲の何人もの人に思わぬ傷を付けたに違いない。これには心から詫びなくてはならない。

この何とも言えない悲しく危機的な日々が続いたとき、ただ一つ救いになったのは、慌ただしいなかで盛んに読んだ山本周五郎だった。『さぶ』や『雨あがる』などである。それに『樅ノ木は残った』の人情味と爽やかさに、わずかに勇気を取り戻す気分になった。兄の症状が「くも膜下出血」だと知るのは、この数年後のことである。

2　京で出直し修業六年半

一九六七（昭和四十二）年十二月。建設計画を進めてきた青少年科学センターの起工式が、伏見の藤森中学校の隣接地で行なわれた。

ここは、日本軍の京都師団が置かれたところである。すぐ目の前を東京五輪の翌年（一九六五年）に全線開通した名神高速道路が走っている。

計画する建物は、中央に事務管理棟、左に三階建ての展示室棟、右に四階建ての実験学習棟で、それらの背後に学習庭園とプラネタリュームがある。センターの開館予定は一年半後の一九六九年五月の子どもの日とされた。

この起工式があった年の秋、私の結婚話は解消してしまったが、兄が回復してきたのはありがたいことだった。松原通の家の明け渡しを迫っていた家主には、昭和の初期からの長い間の居住権があることから、しばしの猶予をお願いした。

＊

その頃の職場は、前記したように、出水小学校の狭い一室をオフィスとしたものだった。室長は堀川高校の米田貞一郎前校長で、週に数回出勤される。常勤スタッフは主幹が洛陽工業高校所属の漆葉達彦。それに高校教諭籍が私を入れて五名。地学担当で塔南高校の八尾謙三、天文学の堀川高校の樋上敏一、生物学担当で紫野《むらさきの》高校の村田茂三、西京《さいきょう》商業高校（現・西京高校）の化学担当の浦井博子女史だった。いずれも在籍校からの出向で、フルタイム勤務である。

みなさん京都大学出身で、なかでも村田氏は理学博士、浦井女史は四十代に米国に一年間の留学経験があって英語が堪能である。と言っても、偉ぶるわけではない。落ち着いた紳士と淑女で学究肌の人たちだった。

高校籍のほかに、中学校と小学校教諭籍が数名ずつ総勢十数人。いずれも二十年ほどの教師経験を持つベテランである。「科学教室」を運営してきた江上賢三、大杉隆一の二人は、もとから教育委員会所属である。

これらの準備室のスタッフのなかで、私一人が三十前の独身だった。事務方のオフィスには、教育委員会所属の富部修主幹をはじめ数名の職員がいた。ここでの二年間の準備室勤務を経て、青少年科学センター開館後の四年半を過ごすのだが、その期間の勤務こそ、後の人生に向けての極めつきの修業となった。

＊

センター建設には、かなりの背景や事情があった。

それを学ぶ機会は、ほぼ三か月ごとに開かれた学術顧問会議だった。委員長は帝国学士院賞受賞者で化学研究の泰斗、佐々木申二《のぶじ》京都大学名誉教授が務められた。

そのほか物理学の清水栄、天文宇宙学は宮本正太郎、動物生態学が宮地伝三郎、化学が岡本一、岩石鉱物学は京都薬科大学の益富壽之助など、いずれも錚々たるメンバーである。

国の内外で第一線の活躍をされているこれらの委員が、青少年の科学教育のための真剣な議論に時間を費やした。必要なときは大学の研究室に、そしてご自宅にもお邪魔した。私は緊急の打ち合わせなどのため、車で松ヶ崎の佐々木委員長のお宅に伺うこともあった。

私の担当は物理だったので、展示品の構想や実験学習の題材について相談するため清水栄教授の研究室には頻繁に訪問した。壁面には蔵書がぎっしり収められていて、筆太の墨書の「格物観心」の扁額が掛かっていた。

これは先生が物理学を学ぶ心得とされていることで、「物事の道理を窮めただす、修行者として実践を行なう」という深い宗教的な意味だと解説してくださった。多忙な時間を割き、予定の時間を越えて熱心に検討されることには、心底から敬意を抱いた。

＊

学術顧問の先生たちは、小中学生が実験で使うシンプルな道具の試作を報告すると、何度も繰り返し実験し観察してみて、より望ましいモノを作るように指示される。失敗を恐れることはない、むしろ失敗を楽しむことだ、と諭される。その時間を超越した取り組みには驚かされた。

先生たちに共通しているのは、質素でモノを大切に扱われることだった。故障し不具合があれば自分で修理される。だから誰に対しても、何に対しても、とても謙虚だった。この二つは、私自身が貧しい時代に育ち、ある程度は身につけていると思っていたことだが、一流の研究者の方たちにも共通していることを知った。

子どもの頃、松原通で杉板に古い戸車を取り付けたボードを工夫して遊んでいた。それを思い出すことが多かった。

準備室で使う車にセドリックのライトバンがあった。必要なとき申し出ると気軽に使える。

あるとき、外出する機会に、京都府庁近くの滋野《しげの》中学校に中学時代のキリン先生、つまり岩波正昭先生を訪ねた。

キリン先生は、卒業後も年賀状のやり取りが続いていた一人だった。郁文中学校時代は立たされ坊主だった私が、四月から京都にUターンしてきて、教育委員会の青少年科学センター建設準備室にいる。それが少し誇らしくて知らせておきたかった。

放課後の先生は、あの背の高い身体に四角なメガネで、ハグしようと近づいてこられた。その面影は変わらなかった。

ご無沙汰を詫びて、ひと通りの挨拶をし、近況を知らせた。京都に戻ったことを喜んでくださった。短い時間の四方山《よもやま》話だったが、先生は障害を持つ生徒の学級担任をされていた。先生の人柄と実力だから、もう教頭か校長になられる頃と思っていた私は驚いた。私がそのことを口にすると、

「大隅君、その思いは結構だけど、私は障害のある子どもたちを教えることに教育の原点があると思っている。それで教師人生を続けることができれば満足なんだよ……」

と言われた。

私は、不躾《ぶしつけ》なことを言って不快になられたか、と心配した。しかしキリン先生は朗らかで、私の訪問を喜ばれた様子だった。先生の言葉を噛みしめながら夕刻の準備室に戻った。

この短い訪問は、その後、私が教育研究者として歩むとき、一つの指針になった。まずは、

みずからの学びの経過を思い返してみた。出来ないとされ、学習意欲が低いとされる子どもたちのことを考える。それを基本の一つにすることにしようと思った。

＊

一九六九年五月の子どもの日に、青少年科学センターが開館した。五月晴れの青空だった。

展示室が無料開放され、大勢の子どもと保護者たちで混雑した。本格的なプラネタリュームでは、わが江上賢三先生たちが大活躍した。

そして、その日から京都市内の小中学生、高校生たち、さらに先生向けの科学教育プログラムが始まった。

実験室と展示室で使う実験器具と装置の多くは手作りしたモノで、教科書にはないユニークなものである。それらを使う学習指導にも工夫を凝らした。橋本康二、鈴木恵一、小堀善弘、森山茂、伊藤博夫などの諸兄に学び、教えてもらうことが多かった。私の新婚二か月目のことである。

3章 二度の渡米を経て東京へ

1 初渡米の機会が来た！

二十三才で新米教師になって八年後。私が三十一才の初春、母が七十才で病死した。五条通西大路の京都市立病院に入院して一か月後のことだった。その一か月間は、私が母の付き添いをして病室に泊まった。病院から、完成して運営を始めた伏見の青少年科学センターに通勤した。職場の人たちから消毒液の匂いがすると言われることがあった。

私はセンターが完成し、開館した年に結婚した。相手の東《ひがし》久美子は、新米教師として勤務した高校の一年違い。新採用で赴任してきた国語と書道を担当する教師である。

圧倒的に男性が多い職場だった。そのなかには彼女と仲の良い男の教師もいたに違いない。それに泉州の田舎育ちなので、家族から結婚を急《せ》かされていたはずである。実家は和歌山に近い泉佐野市の上之郷《かみのごう》の田園地帯で、ずっと後に、近くに関西国際空港が建設されて開港する。

おなじ学校に勤務していても、彼女の職員室は離れていたので何の付き合いもないまま、三年後に私は京都にUターンした。

ところが、大阪府が高校教師に与える研究日があって、彼女は京都大学の美学・美術史で知られる井島勉教授の研究室に通っていた。そして、たまたま京都にいる私と出会ったのだった。決まりかけた結婚話が破談になった後、私が傷心の日々を過ごしていた頃のことである。

初夏の詩仙堂を案内し、八月の大文字は一緒に見た。その短い日々の後、青少年科学センターが完成する一九六九（昭和四十四）年の三月、私の二十九才の春に結婚した。貧しくとも共に学び続ける喜びがあるのではないか、と思った。それが決断をうながした。母が病死する前に、私たちの間に生まれた一才になる男の子を病室で見せることができた。

＊

母の葬儀を終えた直後の春四月。一か月間の初渡米が実現した。

東芝教育技法研究会というところが論文を募集していたので応募したところ、たった一名の最優秀賞となって、米国への教育視察団に加わる二週間の旅行に招待された。

結婚以前、もし多少の財源が確保できたら米国に留学したい、という強い思いを抱えていた。だが、結婚して子どもができると、もはや叶わぬ夢となった。その叶わぬ夢の一部が現実になった気分だった。

教育視察団の団体旅行は二週間の日程で、ニューヨークから帰国してしまう。しかし、それでは、あまりにももったいない。わがままを言って、必要な旅費と滞在費を自前で負担するから日程を延長して欲しい、と願い出た。家内がその費用の三十数万円をなんとか用意してくれた。

団長は毎日新聞社で社会部長だった黒崎貞治郎さん。この方は梅木三郎のペンネームを持つ詩人で、「赤い花なら曼珠沙華《まんじゅしゃげ》……」の流行歌「長崎物語」の作詞でも知られる。調査団に同行する通訳は上智大学のホセ・デ・ベラ副学長で、スペイン訛りがあるものの的確な通訳をしてくださった。

参加者の一人に、大阪に本社がある新興出版社啓林館の佐谷《さたに》光保さんがいた。彼は私より十才近く若く、将来を嘱望《しょくぼう》されている人物だった。この旅を縁に、帰国後も長く交流を続けることになった。

調査団と一緒にカリフォルニア大学バークレー校を訪問し、私立の名門スタンフォード大学を見学して、ごく初期のコンピュータ教育の研究状況を見ることができた。シカゴを経由したのち視察団とはニューヨークで別れ、そのとき二十ドルのお餞別をいただいた。

＊

地図⑦　著者の米国訪問関連図

もう来ることはない。そう思っていた。

だから、この機会を逃したくなかった。それで貪欲な日程を組んだ。調査団とニューヨークで別れると、バッテリー・パークに急いだ。そこで青少年科学センター建設準備室の時期に知り合いになった森島女史と落ち合った。彼女はご主人と一緒にミネソタ大学に留学していて、ちょうどその頃、休暇でニューヨーク見物に来られていた。

森島さんご一家とボートで自由の女神像を見物に行った。巨大な銅像の内部は長い螺旋《らせん》階段になっていて、それを登り切ると、女神のティアラ（王冠形の髪飾り）の部分に出る。そこからニューヨークが展望できた。もちろんエンパイア・ステート・ビルにもエレベーターで登った。

ニューヨークから飛行機で州の北部のバッファローに飛んだ。学術顧問の清水栄教授からバッファロー大学のボースト教授を紹介してもらっていて、教授宅に泊めていただいた。教授の運転する車で、お嬢さんとともにナイアガラの滝に連れて行ってもらった。テキサス州のダラスを経由して、アリゾナ州のフェニックスからセスナ機でグランド・キャニオンにも行った。ロサンゼルスまで来て、今度はスーツケースをお借りした益富壽之助先生のご紹介で、日系二世のレイモンド・オガワさんの家に泊めてもらった。ご子息の運転でディズニーランドに行き、カリフォルニア州南端のサンディエゴからメキシコ北端のティファナまでドライブした。

旅費を工面してくれた家内のために、ティファナで二個のオパールを土産にした。賑やかなマリアッチを聴いて、強烈なテキーラを試した。ティファナからの帰路はロサンゼルスまでの約三時間のドライブだった。

ロスからハワイのホノルル着。ワイキキ・ビーチに近いJAL系列のプリンセス・カイウラニに二泊。二日目にエイビスのレンタカーを借りてオアフ島を一周した。走りはじめは左ハンドルの運転に戸惑ったが、すぐに慣れて快適なドライブだった。

途中でポリネシアン・カルチャー・センター（PCC）を見つけた。一人で観るのは惜しかった。家内や子どもにも観せてやりたい「ホライゾン」のハワイアン・ショウの素晴らしさを堪能した。

初の渡米は、それだけで終わらなかった。このときに知り合った人たちと交流が続くことになった。

渡米は東芝教育技法研究会TETAが「二十一世紀教育の会・NAFE」という任意団体と

共催する形で米国教育事情の視察団を募集し、参加者の一人に私が招待されたものだった。視察団の団長の黒崎貞治郎さんは新大阪新聞の編集局長を経て、毎日新聞の編集局顧問からプロ野球のパ・リーグ理事長を経験された方である。

私が米国から帰国した一九七一年の夏、西宮の阪急西宮球場でオールスターゲームの第一戦があった。黒崎さんから招待券をいただいて、中古のトヨタ・パブリカで出かけた。とても見やすい優待席で、家内と一才半の息子を連れて観戦した。ラッキーにも、江夏豊が九連続奪三振を記録するのを見ることができた。

2 二度目の渡米

初の渡米の一年後、三十二才の秋。

もう来ることはないと思っていたのに、二度目の渡米の機会に恵まれた。

朝日新聞社主催の論文募集に応じたら、渡米のメンバーに高校教諭籍の宮崎県教育研修センターの山田盛夫（四十三才）、敦賀高校の大南昌幸（三十八才）、浜松市西遠《せいえん》女子学園高校の佐原たけ代（二十五才）、そして三十二才の私が選ばれた。スポンサーは日本側が原子力平和利用基金、米国側がエジソン財団である。

東京で事前の打ち合わせがあった。一か月の米国旅行だが、日本からの付き添いは無い。四人の訪米チームのリーダーは、当然のことながら年長の山田先生である。しかし、私の他は米国が初めて、英語は話せない、車の運転もできない。たまたま私は一年前に、一か月の初渡米をしている。

そのため事務局からの強い要望があって、私が素人ツアーコンダクター役を引き受けざるを得なかった。現地の訪問先への案内、通訳、レンタカーの借り出し、運転、返却、ホテルのチェックインとチェックアウト、会計処理の雑事一切をするのである。

前年の初渡米のとき、私はニューヨークで教育調査団と別れて一人旅をした。職場だった京都市青少年科学センターで先輩に当たる小堀善弘さんのお姉さんがアメリカに在住だと知って、その紹介でメリーランドにお住まいのレスリー・カニングハム氏宅に泊めていただいた。

今回の渡米では、私を含めて四人がワシントンDCに到着すると、日本大使館でエジソン財団の関係者から日程のブリーフィングを受ける数日間があった。それで、私を含めて四人がカニングハムご夫妻に招待されて歓待をしてもらった。私たち四人は、ご夫妻の三人のお嬢さんとともに一般家庭での食事を楽しみ、大いに英気を養うことができた。

もっとも、一か月間の日程をこなすのには、なんとも苦労が多かった。現地側から手元に届く日程や訪問先の事情はボリュームのある英文資料に記されている。若い女性の佐原先生が一緒なので、ホテル宿泊の際、彼女だけはシングルルームにすることなどにも気を遣った。

なかでも忘れられない長距離ドライブの記憶がある。

デトロイト空港近くのモーテルで一泊した後、午前の予定はアナーバーのミシガン州立大学訪問だった。訪問先の見学を終えた後、大学の食堂でランチを済ませ、シカゴまでレンタカーで走った。

距離は四百キロを超える。日本なら東京から滋賀県大津市くらいまでの距離で、早朝からの運転は五時間を超えていた。あいにくの雨のなかを夕刻、シカゴのシェラトン・ホテルに到着したときには、ハンドルを握り続けて、すっかりグロッキー気味になっていた。一か月後に帰国したとき、体重は十キロ減っていた。

前の年、初渡米の記念に入手して、この二度目の米国旅行で使った大判の道路地図はボロボロになった。駅伝ランナーになって苦しんだ中学生の頃からの「おっちょこちょい」を反省しても、もはや後の祭である。

＊

その一年後、三十三才の秋。

建設に関わって二年、開館して四年半勤務をした京都市青少年科学センターから、東京の目黒にある文部省の国立教育研究所（現在の霞が関の国立教育政策研究所）に転出した。

国立研究機関の研究員は、たった一名を採用するにも全国規模で公募する。その案内は全国の大学、研究機関、関連施設など千か所に配布される。

ある日、私は職場の掲示板に張り出されたA４判一枚のありふれた公募案内を目にした。自分でも応募できるのかもしれないと思って、学術顧問の荻原真一先生に相談した。

小学校校長を経て理科研究会の会長をする先生は、「教育研究所に知っている人がいたら、ともかく、すぐにでも上京して話を聴いてみなさい」と助言された。

これといった知人はいなかったが、教育雑誌でよく記事が出る一人に森川久雄先生がいた。会ったこともない森川先生にいきなり電話をして、面談をお願いしてみた。さいわい快諾してもらって目黒の研究所に出かけた。

生物教育研究室室長という名札がある先生の部屋を訪問して、話を聞くことができた。出身が奈良県で、私の母と同郷であることが親しくしていただくきっかけになって嬉しかった。応募者は多数だが、ともかく応募書類を提出してみる。その先で書類選考を経て面接がある。

＊

だめで元々と思って応募書類を郵送しておいた。しばらくして面接の通知が届いて上京した。研究所の指定された部屋に入ると、ずらっと並ぶ面接官の中心に、碩学《せきがく》として知られる平塚益徳所長、横に科学教育分野で著名な大橋秀雄先生が座っていた。一瞬、度肝を抜かれる思いがした。

募集していたのは教材教具開発室の研究員一名だった。それで、自作した実験器具など数点の実物を持ってくるように、と伝えられていた。用意してきた手作りの実験器具を取り出すと、落ち着いて質問にも応じることができた。

後日、採用通知を受け取った。

こうして、二十九才で結婚し、その年に開館した京都市青少年科学センターには、三十三才の初秋まで四年半、お世話になった。

予期しないことだったが、この間に二度の渡米が実現した。それぞれ一か月の海外出張となって、当時の指導課の中西章二課長はじめ、先輩ばかりの職場には迷惑なことだったはずである。それでも盛大な壮行会や帰国報告会をしてくださったことに感謝を忘れないようにしたい。しかし、その厚意に報いることができないまま東京行きが決まった。

一度目の渡米では、スタンフォード大学でコンピュータを教育に利用する先進的な初期の取り組みの実情を見ることができた。そして二度目は、いくつもの大学で著名な教授チームの科学教育革新プロジェクトの活発な取り組みの状況を見て歩いた。この二度の渡米は、後にアジアの国々で科学教育分野の現地協力をするようになってからでも、何度も思い出すことになる。自分が取り組む一つひとつの仕事を広い立場から考えることとなって、かけがえのない現地訪問だったのである。

3　バッグ一つで東京へ

　ここで話が少し戻るが、東京に出て国の研究所に勤めるとなれば、国内と海外事情に目を向けるようになる。一つの山の頂きから、ぐるりと、周辺の広い景色と、それまで見えなかった高い山々を眺めることになった。

　家内は大阪府下から京都府下に転勤していたが、教師は続けたいと言う。それで私は単身赴任をした。もっとも、まだ単身赴任という言葉は無い時代である。結婚して二年目に、わずかな資金だけで、残りはローンを組んで手に入れた京都府下の綴喜《つづき》郡八幡《やわた》町（現・八幡市）の新築のプレハブ住宅に住んでいた。そこに家内と三才の息子を残して上京した。

　一九七三（昭和四十八）年九月十五日、京都は残暑の厳しい敬老の日だった。文字通りボストンバッグ一つの出発だった。

　研究員に採用された際、幼いときからのことが思い出された。竹ひご飛行機を作り、古い戸車を杉板に取り付けたボードに乗って松原通で遊んだ。その後は、京都市青少年科学センターが実験機材の試作や研究の修業の場だった。

　立たされ坊主の中学生だったのが、新米の教育研究者としてバッグ一つで歩きはじめることになった。

国家公務員になった。だが、宿舎には空きがないと知らされていた。

先に書いた二十一世紀教育の会・NAFEは、亀田佳子さんが主宰し黒崎貞治郎さんが顧問役をして、各地に支部を設けていた。事務所は南青山のマンションにあって、私が京都から東京に移ることになる時期には、なにかと支援してくださった。なかでも単身赴任してアパート探しをしているとき、東中野のアパートを紹介してくださったのは亀田佳子さんだった。

＊

とりあえずは、国鉄中央線で新宿から二つ目の東中野の木賃アパートの二階、六畳ひと間に入った。共同トイレで、風呂は近くの銭湯に行った。その頃、南こうせつとかぐや姫が歌っていた「神田川」のメロディが身に沁みた。

年末に、三才になる息子を連れて家内が来て、その六畳ひと間に泊まった。息子は銭湯にあるテレビに釘付けになって、帰ろうとはしなかった。窓ガラス一枚だけの部屋は、冬は石油ストーブを使っても寒かった。

代々木西原の公務員官舎に空きが見つかり、木賃アパートを引き払って、高台にある古びた宿舎の二階に移動したのは一年後である。

当時は、いま当たり前にしている宅配便、自動販売機、コンビニ、ペットボトルが無かった。もちろんスマホは想像もできなかった。五十年前の東京での一人暮らしである。

その暮らしが四年目を迎える頃、私に大きな変化のきざしが生じる……。

4　新しい環境の日々

研究所は、国鉄山手線の目黒駅から都バスで三つ目、「目黒消防署前」で下車し、歩いて数分の閑静な住宅街にあった。

研究所の研究職は約七十名。事務職を含めると、職員は百人くらいである。各研究室には一、二名の研究員が配属されている。所内の科学教育研究センターに教材教具開発室が新設され、私は初代のたった一人の研究員である。着任した二週間後、十月一日付けで別部門には、村田翼夫《よくお》と加藤幸次が着任した。

前記したように、京都で青少年科学センターの建設に従事した頃、学術顧問の清水栄先生の研究室に「格物観心」の額があった。それを思い出した。私の研究室の看板は「教材教具開発室」である。だから「格物観心」の四文字を秘かに心得にする覚悟をしたのだった。

初出勤の日、面接試験の前に訪れた際、顔を合わせた事務職の豊田三千代さんが、東館二階の一室に案内してくれた。渡されたキーで一スパン幅の細長い個室に入ると、電話機が載った机、椅子、ソファ、保管庫、更衣ロッカーが用意してあった。

独立研究員になった、という実感が涌いてきた。大阪で新設の工業高校の教師となってから十年半が経過していた。

＊

直属の上司は大橋秀雄センター長だった。いつもピンと背筋を伸ばした姿勢で、話し方も上品な紳士然とした風貌だった。早くにフルブライト奨学生として留学され、達者な英語で海外の知り合いが多い。それだけではない、こんなモノは作れないか、と相談を持ちかけられたあとも、言いっぱなしではない。私がもたもたしていると、ご自宅で試作した実験器具を持ってこられる。これには驚かされ、多くのことを学んだ。

大橋センター長は赴任直後の私を連れて、文部省や都立教育研究所などに挨拶回りをしてくださった。訪問先では「神妙に頭をさげて、ごく簡単な挨拶をするだけでよい」と言われた。なぜ、こう言われるのか腑に落ちなかったが、挨拶回り先に、私が着任したポストに応募した人が少なからずいたためだった、と知るのは、その後になってからである。

私が書く研究計画書はセンター長が目を通したが、厳しく何度でも手直しされた。ワープロやパソコンが無かった頃で、何度も何度も修正させられた。その挙げ句に、「君は京都時代に文章の訓練をしなかったのかね」と言われる始末だった。

しまいには「寝るのも忘れて取り組む内容なら、それでよろしい」と、なかば匙《さじ》を投げられることもあった。

センターには私の赴任前から同年代の同僚がいた。物理教育に東京大学卒の山岡剛、生物教育に鹿児島大学卒の三宅征夫、数学教育に東京教育大学卒の橋本吉彦の三人である。いずれも修士課程を修了しての赴任である。

＊

私が赴任して一年後には、地学に恩藤《おんどう》知典、化学分野に松原静夫が着任してきた。そのなかでセンター長室に呼ばれて研究計画書の書き直しを命じられるのは、もっぱら私一人だった。なんで私だけが、と思った。

家内と子どもを京都に残しての赴任である。宿舎に帰っても侘《わび》しい一人住まい。そんな日々だけに、かなり落ち込むことがあった。

あるとき、センター長と二人で山形に出張する機会があった。全国集会が開催されていて、大橋センター長は大勢の出席者の主賓席である。私はカバン持ちという格好で緊張したが、センター長から、とても丁寧にみなさんに紹介していただき、ホッとしたものだった。

センターでは、昼食は特別な用事が無い限り、全員が図書資料室の大きなテーブルに集まって、出前で注文した食事をする。食後のコーヒーも一緒である。三時には短いお茶の時間があった。これらの時間で雑談を含めて近況を知らせ合う。なんともなごやかなことだった。

センターの運営は、もちろん組織的なものである。しかし、仕事と研究活動には上下は無い。

みんな同じ土台に立って議論する「イコール・フッティング（対等な関係）」である。これを自然に学んだ。

だから一般の出版社、教科書会社、実験機材メーカーの関係者の方々も自由に出入りした。なかでも中村理科工業の中村久良さんとは、仕事柄、その先も長くお付き合いすることになった。そんな自由な雰囲気のなかで、着任翌年の一九七四年十月に、初の著作『学習活動の分析方法：子どもはどう学んでいるか』を明治図書から出版できた。表紙カバーは、後に畏友となる佐谷光保氏のご妻女絹子さんの手によるデザインだった。

初渡米のとき一緒になった佐谷光保さんは、同志社大学文学部の新聞学専攻で、かなりの読書家だった。新聞人の黒崎貞治郎さんのことも知っていた。戦後、間もなく新大阪新聞社の主催で、宇和島から牛を連れてきて闘牛大会が三日間、阪急西宮球場で開催されたことがある。後に、井上靖がこの闘牛大会を題材に短編『闘牛』を書き、第二十二回芥川賞を受賞したが、その主人公は黒崎貞治郎をモデルにしていることを佐谷さんが教えてくれた。

私が一九七三年の秋に東京に出ると、黒崎貞治郎さんに会う機会も増えた。

それで佐谷氏の他に、東京で出版も手がけていた吉田進さんを加えて、黒崎貞治郎さんの人となりを書物にする企画を進めた。そして一九七五年九月に『藍より蒼き』の書名で（財）21世紀出版の会から刊行できた。装幀は、美術家として知られる利根山光人によるものである。

黒崎さんは、本が刊行できた直後、この年の十月、欧州の教育事情視察に出かけてクロアチアの首都ザグレブで客死している。享年七十二才だった。『藍より蒼き』の三百ページの書物の後半には、黒崎氏の新聞人としての日本の教育のあり方への示唆が記してあって、いつまでも印象に残る。私が新潮文庫の『猟銃・闘牛』を手にするのは、少し遅れて一九七九（昭和五十四）年で、定価二百二十円のものだった。

*

研究所には国内からの共同研究員として滞在される先生たちのほか、海外から来訪し滞在する外国人研究者たちもいる。その人たちも食事とお茶の時間は一緒である。そんななかに、フランスから数学教育の研究でカトリーヌ・デュ・フォセ女史が来ていた時期があった。

彼女の妹が来日したとき、私が京都の長期滞在向けのアパートを紹介した。そして、ご両親が滞在されたときには京都を案内した。そのご縁から、数年後に初の欧州行きの機会があったとき、ご両親が住むパリ中心部の素晴らしいアパートで夕食をご馳走になるのである。

カトリーヌの結婚相手は東京大学に留学していたフランス人だが、ニックネームがタケ（竹）さんである。彼女は帰国後に生んだ赤ちゃんの名前を「梅」の「プラム」とするほど日本好きだった。その交流のなかで、本物のパリジェンヌは、たった一枚の手編みのセーターを大切に着る、むやみにブランド物は身につけないことを知った。

台湾師範大学の魏明通《ウェイミントン》教授も、共同研究員として何度か滞在された一人である。日台交流協

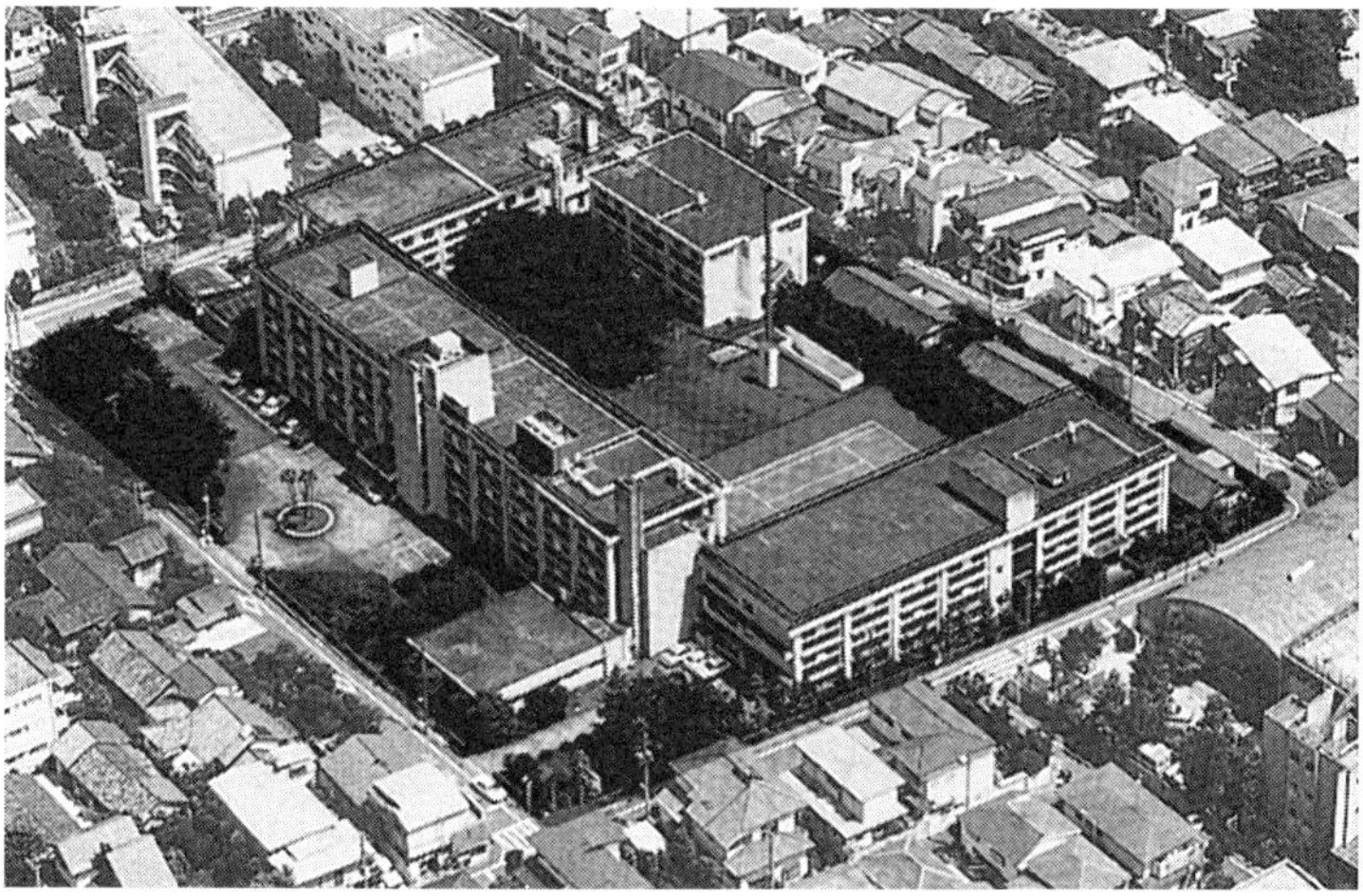

写真12　東京の目黒にあった国立教育研究所全景
左の円形のアプローチがあるほうが正門と玄関側、それに続く本館は４階建て。右手前は３階建ての西館。その裏にテニスコートの一部が見える。左手奥の３階建ての東館に科学教育研究センター、及びそれに隣接して実験棟がある（『国立教育研究所の五十年』〔1999年刊〕より）。

会を通じて、隔年ごとに日本と台北で研究集会の開催を続けたことがあった。その関係から、私は四度の台北行きをした。家内も書道が主要な仕事になっていて、台北の国立故宮博物院に何度か出かける機会があった。

＊

目黒の教育研究所は、本館の左右に西館と東館があって、コの字型になっている。建物が囲む中庭に、数本の桜の老木とテニスコートがある。

京都の青少年科学センター建設準備室の頃は、土曜日の午後から木屋町通の立誠小学校の校庭で軟式テニスを楽しんだ。それに、堀川高校前校長で準備室室長の米田貞一郎先生も頻繁に参加された。汗を流したあとの楽しみは、先斗町の行きつけの「山とみ」の冷えたビールだったことを思い出す。目黒の研究所でも、昼休みや夕刻に硬式テニスを楽しむことができる。私はラケットを硬式のものに変えてテニスに加わった。

平塚益徳所長の後任の元文部次官木田宏所長とも、一緒にテニスに興じる時間があった。桜の古木は春には見事な花を咲かせる。研究所の近くの「いずみ寿司」に特別注文した寿司を、桜の花びらが舞い散るなかでカトリーヌたちと楽しんだ。

5　上司の心くばり、外務省研修所行き

着任して数年もすると、しだいに事情がわかってくる。所内の研究員は、ほとんどが国立大学一期校を卒業して、少なくとも修士号を取得している。物理の板倉聖宣《きよのぶ》さん、生物の森川久雄さんが理学博士であるように、博士号を取得している人も少なくない。そんななかで、私は修士課程を終えるどころか、八年間の夜間大学を経験してきただけの稀なケースである。

平塚益徳所長から、穏やかな口調ながら「君は、あまり良い育ちとは言えないから……」と勉強を促される。直属上司の大橋秀雄センター長からは、「研究員の多くは欧米事情を研究対象にしていて、それが主流だけど、君は誰も関心を持たないアジア地域を研究対象としてみたら……」などと言われていた。

二人の上司は、難点を指摘するだけではなかった。現実的な方策として、外務省の六か月間の集団研修を受講できる機会が与えられた。これは所員のなかで私一人だけのことだった。

＊

一九七六（昭和五十一）年九月。東京の茗荷谷《みょうがだに》の外務省研修所に通うことになった。古風な由緒ある建物に入ると、吉田茂元首相が初代所長をした記念の扁額に迎えられた。私は、外務省事務官の併任辞令を手にした受講者約百人のうちの一人だった。研修プログラムの責任者は英国人で、集団講義の他、欧米の講師による英語研修が連日のように続く。受講者は五名くらいずつのグループに分かれ、私の英語グループは通産省（現・経済産業省）から二人、防衛庁（現・防衛省）、厚生省（現・厚生労働省）、そして文部省（現・文部科学省）から私の五人だった。受講者の多くは国家公務員上級職で、それぞれ出身地の星と言われた英才である。ただ、なかには文法中心の英語教育のためなのか、英会話を苦手にする人もいるようだった。

それでも研修後には、海外の大使館、領事館、国際機関などでの三年程度の勤務が待っている。私のグループの人たちはシドニー、メルボルン、テヘラン、リヤドに派遣が内定していた。

ここでも私は例外だった。研究所の木田所長の話では、研修後は一つの可能性としてバンコクのユネスコ・アジア太平洋地域教育事務所（UNESCO・ROEAP）行きが想定されている。

しかし現実には、所内の研究員不足のため長期の現地赴任は無理で、短期で何度も出かけることになるかもしれないと言われていた。

虎ノ門の外務省の五階は、夕刻にパーティ会場にもなることがある。

私たちの場合も、ここで夫人同伴のパーティ研修があった。和服着用の令婦人を同伴し、海外公館などでパーティを催すことを想定した研修である。私の家内も京都から和服を持参して上京し、参加した。

外務省研修には、晩秋の頃に宮内庁施設の見学として、京都の修学院離宮と桂離宮への旅行もあった。修学院離宮前には、郁文中学校の恩師の中嶋一男先生、そしてマーちゃんの妹の恵美さんが暮らしている。桂離宮は学級対抗駅伝で仲間が走った所である。東京暮らしで、忘れかけていた京を思い出させるものだった。

千葉県柏市の麗澤《れいたく》大学に、ショートのゴルフコースがある。この大学と研究所は親しくしていたことから、新米ながら英語クラスの五人でゴルフを楽しんだりした。

旅行や遊びは、多忙ななかのわずかな楽しみに過ぎない。土曜の午後から、そして日曜日一日は職場の研究所に通って、国内外の仕事に取り組んだ。

翌一九七七（昭和五十二）年早春。半年間の外務省事務官兼職と集団研修を終えた。

そして、なんと四十数年後のこと。私が晩年八十才になっても、ユネスコのバンコクの教育事務所から上級専門家《シニア・エキスパート》の要請を受け英文履歴書を提出することになる……。

4部　欧米一人歩き、アジア体験

一九七七（昭和五十二）年、三十七才頃から
一九八三（昭和五十八）年、四十三才頃まで

京に生まれ、京に育った「いたずらっ子」は、早くに大阪に出た。
だが、「ここではない、他に行くべき所がある」との思いから京に戻った。
若く苦い挫折、思わぬ出来事に遭遇して、東京に辿りついた。
が、東京十一年半の単身暮らしで待っていたのは……。

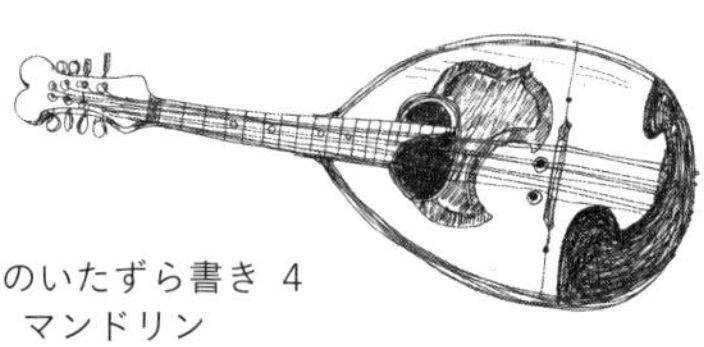

19才のいたずら書き 4
マンドリン

1章 三度目の渡米、初の欧州とアジア

1 三度目の米国一人旅、初の欧州行き

東京の茗荷谷での外務省研修を終えると、ただちに文部省の在外研究員として米国と欧州の教育事情調査に出かけることになった。

一九七七（昭和五十二）年、三十七才の春である。

羽田空港に外務省研修の英語クラスの遠藤、酒井、関谷、佐久間の四人が見送りにきてくれた。彼らは新年度早々に、それぞれの任地に派遣される。私は年度内のひと足お先の出発だった。京都から、勤務先の学校が春休み中の家内と、小学二年生になる息子も来た。

五年前、二度目の渡米のときは三人の高校の先生を引率したが、今度は身軽な一人旅。パンナムのサンフランシスコ直行便は羽田を夕刻の四時発、現地着は日付変更線を越えるので同日

の朝七時である。

目的は二つ。一つは、五、六年前に米国で見た科学教育革新計画の最新動向を調べること。二つ目は、欧州の主要機関を訪ね、特にパリのユネスコ本部の科学教育の担当部門で関係者から状況を聴取し、関連資料を収集して、日本での取り組みを検討することだった。出発前、レターを出して、すべての訪問先の関係者から公式に訪問の許可を得ていた。この機会に自分の仕事を広い視野から見直す。そのために何でも見てやろうと思っていた。

この三度目の渡米と初の欧州行きは、後に続く本格的な海外経験の出発点となった。この「4部」では、現地における仕事内容は少し横に置いて、人生の後半に至っても忘れ得ぬものとなった海外経験を書き記しておきたい。

＊

渡米は三度目になる。

京の益富先生のスーツケースは、とうていお借りできない。京の四条河原町の髙島屋でサムソナイトを新調した。それを後に続く四十数年間の三十を超える国への百回以上の渡航に使うことになるとは思いもしなかった。まさに小学六年生の修学旅行のとき、宿屋の大広間に響いた北村先生の、あの「ドンとドンとドンと波のり越えて〜〜」となって、この先に怒濤《どとう》のような海外での仕事が待っているのだった。

2　小沢征爾を聞き、マドリッドに飛ぶ

三度目の米国は西海岸カリフォルニアからスタートして、東海岸のボストンで滞在が一か月になろうとしていた。五年振りにマサチューセッツ工科大学（ＭＩＴ）、プリンストン大学、ハーバード大学の科学教育の実情を見て歩いた。

毎日がタイトな日程でホームシックにはならないが、日本語が使えない日々はストレスになる。ところがボストンに来てラッキーなことに、勤務先でアシスタント役をしてくれている豊田三千代さんの姉の明代さんが滞在していた。彼女は東京で外国系企業に勤務していて、このときはボストン郊外の語学学校で研修中だった。

私の旅程は事前に知らせてあったので、現地の土日に明代さんに会うことができた。ちょうど小沢征爾が音楽監督をするボストン・フィルの演奏会がある。それに、彼女のルームメートのグアテマラ人のノラという女性と三人で出かけることができた。

小振りながら聴きやすいホールで、入場料は十ドルだった。遠い異国でも活躍する日本人がいる。それを目にするのは嬉しかった。

ほかにもハプニングがあった。明代さんは間もなく語学研修が終了するので、欧州への記念旅行を計画していた。もともと彼女も山登りが好きで、欧州アルプスに行く予定だと言う。私

の思いも同じだった。

私は米国に到着した後、最初の訪問先のカリフォルニア大学バークレー校でスイス人の研究者と会って数日一緒に過ごし、とても親しくなった。それで、すでに彼が帰国しているはずのジュネーブに行く約束をしていた。そのあと日程は限られていたが、マッターホルンを見るジュネーブからの短い旅を計画していた。豊田さんが予定していた日程だと、ジュネーブに接点ができる。そこで落ち合うことになった。

*

米国の訪問先での茶飲み話で、「アメリカではニューヨークが最後の訪問地になる。その後は、はじめて欧州に行く予定だ」と話すと、みんなから決まってスペイン行きを勧められた。それで、ボストンからニューヨークに着いたとき、日航のオフィスに出向いて、少し日程を変更してイベリア航空でマドリッドに飛ぶことにした。

ニューヨークのJFK空港で夜行便に搭乗してマドリッド着。空港から乗ったリムジンバスは、スペイン語がわからないので、ともかく終点まで乗ってみた。スーツケースを降ろした所に、ドン・キホーテとサンチョ・パンサの像を前にした巨大なセルバンテスの像があった。市内中心部のスペイン広場である。

多少のトラブルはあったが、プラド美術館で多くのゴヤの作品を見た。シエスタ（昼寝）の習慣がある国のこと、それに倣《なら》って身体を休めたあと、夕刻は闘牛、夜遅くには本場のフラメンコを見物した。駆け足ながら、強烈な印象が残った欧州への第一歩だった。

3　憧れのマッターホルン

少しでも山登りをした者にとって、マッターホルンは憧れの山である。

十代の後半、京都の伊藤潤治さんの「山乃仲間」に加わって登山の手ほどきを受けてきた。伊藤さんたちと訪問した奥村厚一画伯の家で欧州アルプスから帰国されたばかりの土産話を伺い、マッターホルンのスライドを見せてもらった。

その夢のまた夢は、約二十年後の三十七才で実現した。

このとき、日頃から履き慣れたビブラム底の革製のウォーキング・シューズを履いていたので、マッターホルンの周辺を歩くには好都合だった。この靴は、駆け出し教師の頃に大阪の好日山荘で買った。赴任して三年目の勤務校に、大阪工業大学でワンダーフォーゲル部だった松井浩晃が来た。彼とは何度か軽い山登りをして、さんざん山の歌を教わった。ウォーキング・シューズは彼の推奨したものだった。その後、私は五十代半ばまで何足かの同じタイプの靴を履くことになった。

ジュネーブのレマン湖のほとりのホテルに短い滞在。そして、前述のスイス人の家に招かれて、チーズたっぷりのフォンデュとワインの夕食をご馳走になった。旅の空の行きずりながら、ありがたい出会いだった。

その翌日、レマン湖に架かる優美なモンブラン橋を渡る。右手に空高く噴き出す大噴水を見ながらジュネーブ駅に向かう。ボストンで約束した明代さんが列車で到着するのを迎え、一夜明けてチューリッヒ行きの急行列車に乗った。車窓の眺めは、すべてが絵はがきになる。

チューリッヒから、名前は何度も耳にしていたグリンデルヴァルト。そこから登山電車である。クライネ・シャイデック経由でユングフラウ・ヨッホに到着する。

さらに乗り継いでアイガーやユングフラウの美しい山々、雄大な氷河を飽きずに眺めているうちにツェルマットに着いた。マッターホルンを眺めるのに格好の位置にホテルの開放的なテラスがあった。

抜けるような快晴の青空で、空気は冷たかった。華麗で迫力ある山の姿に圧倒されたように物静かな旅行者たちがテラスに座っていた。それに私たちも加わって、目の前の標高四千四百七十八メートルのマッターホルンを満喫した。

もう来る機会はないと思って欧州を駆けめぐった一か月は、初渡米のときのように日程をやりくりして、土日に慌ただしく観光地巡りを工夫したのだった。

＊

映画「ローマの休日」のスペイン広場でジェラートを食べ、西欧故事の「ナポリを見て死ね」のナポリに行き、ナポリ湾沖のカプリ島を遠望し、ヴェスヴィオ山、ポンペイ遺跡に行くことだけは実現した。

主要な訪問先のパリのユネスコ本部を訪問。そこで科学教育の担当部門の関係者とのミーティングに数日を費やした。その時点までの現地報告書の素案を作成し、勤務先と文部省への事前発送を済ませた。休日に時間を見つけて、ルーブル美術館に行くのは忘れなかった。お目当てはモナリザだったが、お忍びで来ている石坂浩二と浅丘ルリ子を見かけたりした。そしてモスクワ経由の便で五月に帰国した。

代々木西原の古い官舎で二か月の旅の荷物を解き、目黒の研究所に通勤する日々に戻った。米国と欧州の訪問先には帰国した旨の礼状を出すのが精一杯だった。写真の整理をする時間も無く、不在中に山積みになった仕事に追われた。

落ち着かない帰国後の仕事に追われているところに、文部省を通じて次の海外出張の要請が届いた。

4　初のクアラルンプールとバンコク

その秋、十一月にマレーシアのクアラルンプールでユネスコが主催する国際研究集会がある。

地図⑧　著者のアジア滞在関連図

それに日本からの参加者として東京工業大学の末武国弘教授と出席するように、との通知だった。末武教授には既に何度も会う機会があって、その明るい人柄は知っていた。研究所と東工大の大岡山キャンパスは近いので、何度か事前の打ち合わせができた。

バンコクのユネスコ事務所からの英文レターには、"international workshop"（国際ワークショップ）と記してある。「ワークショップ」という言葉は、はじめて目にする馴染みのないものだった。その頃の辞書には「工作室」などの日本語訳しか見当たらない。私と末武教授は、単純に制作や作業活動をふくむ研究集会と理解した。そして、もっと簡単には研究集会とした。

本書では、これ以降はワークショップ、または研究集会と記している。

*

末武教授と搭乗した羽田発のジェット機は、いったん香港のカイタック空港に到着して、そこで乗り換えてクアラルンプール郊外のスバン空港に着いた。

機内から出ると、ムッと熱気が迫ってくる。猛暑が和らいだと言うが、それでも真夏並みの暑さの南国の十一月だった。

アンパン通りは市内中心部の目抜き通りで、これに面して一流ホテルのアマリンがあった。そこが私たち外国人参加者の一か月間の滞在先である。

私には、はじめての国際研究集会への出席である。

参加国はアフガニスタン、バングラデシュ、インド、インドネシア、日本、韓国、主催国マレーシア、ネパール、パキスタン、スリランカ、シンガポール、タイの十二か国で、出席者は二十数名だった。

会場は、この国のカリキュラム開発センター（CDC）である。朝夕にマイクロ・バスが参加者を送迎する。広い立派な会場に入ると、議長席を中心に座席が円形に配置されていて、参加者の国名と名前のプレートがある。後方に開催国マレーシアのスタッフが待機していて、何かと世話をしてくれる。

初日はオリエンテーテョンから始まる。

バンコクのユネスコ事務所から来たパント氏、初対面の渡辺良氏がてきぱきと切り盛りしていて、それにパリ本部からの出席者もあった。主催国のCDC所長のアシュア女史が議長を務めることになった。

続いて参加国名の順に、国別報告と質疑応答が三日目まで続く。出席者たちとランチやティーブレークが一緒で、しだいに打ち解けた雰囲気になった。

夜はホテルに戻って、昼間の議論で課題になったポイントの対応策を提案するレポート書きである。もちろんレセプションの日もあって、マレー音楽と伝統舞踊、休日に近郊のバツー洞窟行き、古い港町のマラッカへのバス旅行など、開催国が配慮するイベントを楽しんだ。

*

二十数名の参加者たちはアフガニスタンやインドの大柄の中高年者が多く、私は最年少だった。ほぼ同年輩に見えたのは韓国ソウル大学のチュン女史で、彼女は米国で博士号を取得したばかりだった。

しばらくすると、多くの参加者が疲れ気味になってくる。毎朝、熱い太陽が照り続ける。迎えのバスに乗り込んでも、最初のような張り切った気分にならない。

そんなとき、のびやかな美声の「アリラン」が聞こえてきた。バスのなかが一瞬静かになり、マイクの声はチュン女史だとわかると拍手が起こって、参加者は元気を回復するようだった。

それから毎朝のように、チュン女史の歌声がバスのなかに響いた。彼女は「ア・ビューティフル・モーニング」も歌ってくれた。

このクアラルンプール滞在が嬉しかったのには三つあって、一つは著名な末武教授に同行できたこと。東工大の教授と一か月間も一緒の行動をする得難い機会だった。

二つ目は初のアジア滞在で、大きな可能性を秘めているマレーシアの首都に滞在したこと。この後、目を見張る変化と発展が続く国になる。そして三つ目は、アジア各国に多くの仲間がいると知ったことだった。

日本国内の勤務先には、二年前に都立教育研究所から芦葉浪久氏が室長に着任している。それでも、教材教具開発室の研究員は私と二人である。ジタバタしても十分な活動はできそうにもない。クアラルンプールに来て、同じ仕事に取り組んでいる多くの仲間に出会った、という思いを深めた。

そして、その後も、参加者の何人かと交流が続くことになる。

＊

ここで初対面だった渡辺良氏は私より十才ほど若く、それでいてプログラムの調整や紛糾しがちな議論の整理が上手だった。その活躍を見るのは、日本人として気分が良かった。

もう数日で集会が終わろうとするとき、その渡辺氏が突然、「ここが終わったらタイのバンコクに一週間くらい来て、この集会の報告書作成に取り組んで欲しい。了解してくれるだろうと思って、すでに東京の文部省と研究所には打診して内諾を得ている」と言う。

なんと根回し済みの話である。時期はクリスマス・シーズン。クアラルンプールの町には、南国なのにクリスマスの飾りつけが目立ってきている。日本の勤務先では、年末を迎えて仕事が山積しているに違いない。

それでも、いつものように何にでも好奇心を発揮する癖が出た。

航空券の変更も渡辺氏がやってくれて、東京に帰る予定がバンコク行きとなった。もちろんタイ語はちんぷんかんぷんだが、そんなことは言ってはいられない。一人でバンコクの夜のドンムアン空港着。空港からは英語が通じない運転手のオンボロのタクシーに乗った。そして、なんとか渡辺氏が指定したスクムビット通りのレックス・ホテルに着いた。

翌日から、熱い日差しを浴びながら、ホテルから歩いてユネスコのアジア太平洋地域教育事務所の瀟洒なオフィスに通った。バンコクに高架鉄道のスカイ・トレインも地下鉄も無い頃のこと。オフィスには洪水に備えてボートが用意してあった。

研究集会の最終報告書の作成を終えたあと、私の人生の潮目が変わる年となった一九七七年の大晦日の前日に帰国した。

2章 ネパール、カトマンズ滞在

1 ネパールの国際集会

明けて一九七八（昭和五十三）年七月。

教育研究所は新所長に元文部次官の木田宏氏を迎えた。その新体制が落ち着きはじめた初秋、今度はネパールのカトマンズでの研究集会への招請が文部省経由で届いた。

十一月に現地開催されるネパールの国際集会に日本から参加するのは、前回のクアラルンプールと同じ末武教授と私の二人である。その準備を始める矢先のこと、バンコクのユネスコ事務所から担当官のパント氏が打ち合わせに来日した。私たちと事前の打ち合わせをする念の入れようである。

研究所に新所長が就任して間もない時期だった。外国からの来訪者が多いなかで、パント氏の訪問は、ユネスコから新所長への表敬の機会となった。

私たちの行き先はカトマンズ、一か月の滞在。だから、この目でエベレストを見ることができるに違いない。十代後半から山とスキーに明け暮れてきたので、とても嬉しいことだった。現地での日本の状況説明やデモンストレーションの準備にも、張り切って取り組んだ。

*

羽田を午前中に出発して、いったん香港に着いた後、バンコクには夜に到着して市内で一泊。翌日、午後のタイ国際航空便でカトマンズに飛ぶ。やがて機内右手から峨々《がが》たる雪のヒマラヤ連峰が見えてくる。飽かずに眺めているうちに、おとぎの国のような小さな家が点在するカトマンズ盆地のトリブバン空港に着いた。搭乗機を出ると涼やかな風、そのなかを遠くに白い山並みを見ながら小さな空港ビルまで歩いた。

王宮近くのウッドランドに宿泊。ホテルからは朝夕に、バスで三十分の会場に往復する。郊外のエリート校と言われ英国人の校長がいるブッダニールカンタ高校が会場だった。

約二十名の各国参加者には、一年前のクアラルンプールの集会に出席した顔ぶれが多かった。久し振りの再会で、すぐになごやかな雰囲気になる。研究集会を取り仕切るのも前回と同じバンコクのユネスコ事務所の渡辺良氏で、相変わらずエネルギッシュな進行役だった。

前回のクアラルンプールでの経験もあって議論も深まった。各国の参加者が持ち寄った言語

写真13　カトマンズで行なわれた国際研究集会の参加者たち
ユネスコがチャーターしたポカラ行きのセスナ機の前で。右から２人目が末武国弘教授、左から２人目が筆者、５人目のサングラスが渡辺良氏（1978年12月）。

学習、算数、理科などの多彩な教材と教具については、具体的な活用の仕方の議論に時間を費やした。各国の参加者は、その成果のすべてを開催国ネパールに残し、それらの一つひとつが、この山国の教育に役立つことを願った。

滞在一か月の間に、早朝四時起きして小型のバスに乗って行く朝日のヒマラヤを眺めるナガルコット行きがあった。ホテルから持ち出した毛布を被って、震えながら日の出を見ることができた。

景勝地のポカラ行きもあった。ペワ湖のフィッシュテイル・ロッジに筏《いかだ》の綱を引いて渡って宿泊する忘れがたいものだった。よく晴れて、標高八千メートル級のダウラギリ、アンナプルナ、マナスルなどが一望できた。往路はロイヤル・ネパール・エアラインのセスナ機（写真13）で約四十分。帰路は十時間のバスの旅だった。

写真 14　国立教育研究所で開催したアジア諸国向けワークショップの参加者たち
中央は木田宏所長、右から２人目に作業用のエプロン姿の筆者（1979 年 11 月頃）。

集会が終わったあと、私は末武教授や参加者と別れ、一人でニューデリー行きを試みた。帰国は新年の一九七九年になった。

そんな慌ただしい状況のなかで、私の最初の絵本が刊行できた。

上京して六年目、この頃でも南青山に事務所があるＮＡＦＥとは交流が続いていた。きっかけは忘れたが、福音館書店から幼児向けの絵本づくりの話があった。それで毎日飲んでいる牛乳パックの空き箱（ミルク・カートン）は何か活用できないか思っていたことから、これを使った工作と遊びをまとめようと思った。これに絵を描いてくれたのはＮＡＦＥ代表の亀田佳子さんのご子息、亀田幸郎《ゆきお》さんだった。

こうして幼児向けの絵本『つくって、あそぼう』が福音館書店の『かがくのとも』のシリーズとして全国の幼稚園などに出回った。それが一九七九（昭和五十四）年八月にはハードカバーで出版された。

研究所で世話をしてくれる豊田三千代さんと小堀光子さんが、空のミルク・カートンを集めてくれて、一年がかりで構成し、楽しい絵は亀田幸郎さんの手になるものである。その後、台湾の出版社が中国語版にして、じつに二十年以上も刊行が続いた。

＊

研究所に木田宏所長を迎え、初のネパール行きをした翌年の一九七九（昭和五十四）年の秋、日本国内で私の出番がやってきた。

アジア諸国から十六名の専門家が集結する理科教育の教材開発ワークショップを研究所が主催する。参加者は、会場となる研究所から徒歩で数分のホテルニュー目黒泊である。

準備には所内の関係部門の小泉喜平、樋口信也、梶田美春の諸氏の協力を得て、一か月間のプログラムを練った。自分の土俵でのデビューである。それだけに準備と実施に大車輪で取り組んだ。

そしてこの研究集会が終わると、すぐにユネスコからの要請が文部省を通じて届いた。日本からは一人きりの、一年ぶり二度目のカトマンズ派遣である。

2　一人で出かけた二度目のカトマンズ

今度は一人でネパールに出かけることになった。

現地の二十数名の言語、社会、算数、理科などを担当する先生たちに、教材教具の制作指導をする約二週間のワークショップを実施するのである。その準備や後始末を含めて一か月の滞在になる。

すでにネパールでは一年前に国際研究集会が開催され、それに日本から東京工業大学の末武教授と出席した。このとき近隣国からの参加者たちと一緒になって、一か月のカトマンズ滞在を経験している。今度は、たった一人で現地のワークショップを切り盛りしなければならない。カトマンズには、教材教具を制作する適切な材料が極めて乏しいことは、すでに前回の滞在で経験している。もちろん物見遊山ではない武者修行の旅である。

時期は十二月の乾季。ふたたび雪のヒマラヤ連峰、なかでも、またエベレストが見られるのだから、心が躍る嬉しい機会である。現地の二十数名の先生たちに提供する機材は時間をかけてたっぷりと準備した。それが九個の大きなダンボール箱の荷物になった。

心勇んで降り立ったカトマンズのトリブバン空港。

搭乗機から降りて空港ビルまで歩くとき、一年前とおなじように遠くに雪のヒマラヤが見える。

だが、搭乗機から運ばれてきて、次々に土間に放り出される乗客の荷物を眺めていて、やがて真っ青になった。

カトマンズ着の航空機から運び出される荷物のなかに、バンコクで積み込んだはずの九個のダンボール箱と私のサムソナイトのスーツケースは、何一つ見当たらない。目の前で見ている荷物が少なくなってきて、私は急いで搭乗してきた727型機まで走って行った。係員に頼んで開けてもらった広い貨物室には、もう何も残っていなかった。

＊

一年前に一か月の滞在をしてネパール事情はある程度はわかっていた。それで現地行きの要請を受け取ると、直ちに慎重に十分な準備をした。

当時、ユネスコは教育の充実に現地で入手できる素材を使うことを推奨していた。それがトレンドになっていた。もちろん動物や植物などの教材は、その地域で入手できるものを使う。星空観察や天体観測も現地の状況を活用する。しかし物理や化学の基礎を教えようとするとき、当時のネパールでは粗雑な素材は見つかるが、それらはまともには使えそうにない。分量も決定的に不足している。ユネスコが日本から派遣する専門家として取り組むのだから、私は現地の先生と一緒に見本となるモデル教材を作りたかった。

まず基本は黒板である。二年前、クアラルンプールの国際集会でインドの参加者が、新聞紙に黒ペンキを塗って、これならその場で使える黒板になる、とデモンストレーションをした。それが多くの参加者を感心させたことが忘れられなかった。その経験があったから、ネパール行きにも黒板塗料が必要になる。

塗料は青井黒板製作所の青井恒雄会長、青井諄治《じゅんじ》社長の両氏に協力してもらった。謄写版印刷機材一式も用意した。当時、普及しはじめた簡易印刷器「プリントゴッコ」は、サンプルとして理想科学工業の羽山昇社長や小渕昌夫、田中敏夫の両氏から数台を出してもらった。

木材工作の鋸《のこ》も必要だったが、おなじようなものはあるけれど、部厚な刃で押して切るものである。粗い切り口になってしまうため、教具の制作には使えない。それに、錐《きり》などの工具もスムーズな工作作業に欠かせない。それで、できるだけ参加者の数だけの分量を揃えた。もちろん、かなりの分量の厚紙と画用紙、彩色材料なども基本的なものだった。

算数・数学で使うものさし、コンパス、分度器などに加えて、理科で使う回路計などを揃え、中村理科工業（現・ナリカ）の中村久良氏から提供してもらった手回し発電機も梱包した。それらが九個のダンボール箱になったのである。そして、私の搭乗機で運ぶ九個のダンボール箱の機材とは別に、大型画面のカラーテレビと当時オープンリールだったビデオ・レコーダー一式は、ソニーから購送機材としてユネスコ経費で現地向けに別送してもらう手筈を整えていたのだった。

3　ロスト・バッゲージに遭遇

成田空港は前年の一九七八（昭和五十三）年にオープンしていたが、この時期、バンコク行きのタイ航空は羽田から出ていた。私は羽田で搭乗手続きをしたとき、十個の荷物をカトマンズまで搭乗者の手を煩わせないスルー・バッゲージにできないか、と尋ねた。だが、今回のネパール行きは、バンコクに飛んで一泊したのち、翌日の別のタイ航空機でカトマンズに向かうため、荷物はバンコクで積み替えなくてはならない、だからスルー・バッゲージにはできない、という返答だった。

もちろんカトマンズまでの超過重量分の運送費は、チェックイン・カウンターで支払って領収書は受け取っている。これを後日、ユネスコにリファンド（払い戻し）してもらうのである。

バンコクに到着すると、九個のダンボールとスーツケースは搭乗機から出てきた。それをベルトコンベアからピックアップし、カートに山積みで運んでドンムアン空港内の荷物預かり所に一晩留め置く。これを翌日朝に取り出して、カトマンズへの搭乗機のタイ航空のチェックインのとき手荷物カウンターで預け、一個一個のバッグ・タグを受け取る、という通常の手順をとった。

カトマンズのトリブバン空港で呆然となった私の手許にあったのは、そのときの合計十枚のバッグ・タグと超過料金の領収書、それに貴重品を入れた小さなショルダーバッグ、そしてバンコクの免税店で買ったレミーマルタンのコニャック一瓶だけだった。

なんとも不安な状態のまま、ともかく税関を通過して空港内のタイ航空のカウンターに行った。そこには、荷物が出てこないとクレームをつける、おなじ搭乗機の十数名の乗客の列があった。その列の後ろに並んだ。彼らは窓口の係に、スーツケースやザックが出てこない、とさんざん文句を言っていた。私は、それどころではない。合計十個もの荷物を無くしているのである。タイ航空の女性係員は、なんの深刻な表情も見せず、また詫びもなしに「ロスト・バッゲージですね」と言う。そして、出てこなかった荷物の一つひとつの内容を申告書に記入するように命じた。空港の出口で待っているはずの出迎えの人たちのことも気になったが、申告書の記入には手間がかかった。

不機嫌そうな女性係員から、わずかなネパール・ルピーの現金を受け取った。それで当面必要な下着や靴下でも買うように、と言うのだった。

＊

一年前の国際研究集会で顔見知りになっている国立トリブバン大学のCERID（教育研究革新開発センター）のカサジュ所長、そしてアシスタントのスニタ女史とビマール氏などが出迎えてくれた。彼らは多数の荷物を運ぶために大型のバンで待っていた。

手ぶらで出てきた私を見て、十個の荷物は空港に届かなかったロスト・バッゲージになったと知って、がっかりしてしまった。私も泣きたい気持ちだった。

彼らが予約してくれていたのはオープンしたばかりのシャングリラ。これは世界に冠たる五つ星ホテルだが、ホテルに入っても、ボーイが運ぶ荷物は何も無かった。

夜、レミーマルタンをひと口ふくんでみても、美味くもなんともない。しかたなく横になっても、とても眠れない。そんなときはベッドのなかで、映画「シェーン」の主題歌「遥かなる山の呼び声」のリフレイン部分を転じて、よく母がつぶやいていた「どうにか、なるわいなー」を唱えるしかなかった。

4　ネパールの先生たちの現地研究集会

予約してくれていたシャングリラの先、歩いて五分の所に、新しい日本大使館が開設されていることがわかった。翌日、新築間もない大使館まで行って窮状を報せようとした。ネパール人の門衛が立派な門の前に立っていて、素っ気ない対応をするだけで、なんともなすすべがなかった。

ともかく研究集会の会場には、カサジュ所長のジープで出かけた。シャングリラから日本大使館方向に歩いて五、六分で右に少し入った所のバヌバクタ・メモリアル・スクールである。

一週間後に集会を開く予定の二階建ての教室を見てびっくり。新築工事中のようなのに誰もいない。二階に登る階段は、工事の途中で放置されていて登れない。

工事が進んでいるように見える一階の教室に入ると、そこも足元は地面がむき出し。壁はレンガ積みの上にセメントを一部塗り付けただけで、まだ乾いていない。電気は配線がむき出しで、コンセントは無く天井に電灯もない状態だった。おそらく作業員に日当が支払われていないために、工事の途中で中断されているようである。この日まで点検に行かなかった主催者たちを責めても仕方がない。

土間にセメントを入れたバケツが放置されていた。左官のコテも残っていた。辺りを探索すると、脚立になりそうなガタピシの木箱も見つかった。ただちに素人職人になって、ありったけのセメントを壁面に、この場でなんとも言えない憤懣をぶっつけるように塗りつけたのだった。

*

シャングリラは一泊百ドル。当時のレートは一ドル二百三十円だから、一晩で二万三千円。ユネスコの日当がかなり抑えられていた時期だったので、その日当ではとうてい賄《まかな》えない。それに着の身着のままで五つ星ホテルに滞在していても、まったく楽しくない。早々に逃げ出す算段をした。

カトマンズを東西に走る道の一つに、ディリバザールがある。これを中心部から東に少し行くと、細いカリカスタン通りが交差する。ここで右手に折れた左側に、小さく看板を出したコテージ・オーロラがあった。ここは地元にくわしい世話役をするビマール氏が教えてくれた所である。自転車も彼に頼んで借りることができたので、さっそくホテルを引き払って移ったのだった。

コテージ・オーロラは、町の中心である王宮まで約四キロ、研究集会の会場となる工事中の学校までは約五キロである。バイクや自動車で道が込み合っていても、自転車ならゆっくり走って約四十分で到着できる。カトマンズ市内は土ぼこりが多いが、盆地になっていて平坦なので、ハンカチでマスクをすればよい。

二十二才のとき、勤めていた会社を依願退職して手にした退職金で変速機付き新型自転車を買って、京の町を走り回ったことを思い出した。松原通の家から金閣寺近くの大学キャンパスに行くのも、市内にある友人たちの家に行くのも自転車だった。その十七年後は、京から遥かに遠いカトマンズの盆地の砂ぼこりの町をたった一人自転車で走り回る日々となった。

現地で借りた中国製の自転車はサドルが高くて、とても乗りにくい代物だったが、その自転車でコテージ・オーロラから研究集会の会場に行き来したのだった。

ロスト・バッゲージは、まだスマホの時代ではなかったし、数少ない電話機を使っても電話口に出る人の英語もわかりにくく、空港に行くしかなかった。カサジュ所長が運転するジープで毎朝空港に出かけて、タイ航空に問い合わせを続けた。だが連日、素っ気ない返事が続いて、がっかりさせられていた。

ところが、ある朝、いつものように「今日もダメか」と思いながら空港のタイ航空事務所に行くと、わがサムソナイトが九個のダンボールと一緒にドンと置かれているのが目に入った。小躍りして、それらのロスト・バッゲージを引き取って、カサジュ所長の車で会場に運んだ。

国内ワークショップは、その前日に質素な開会式のあとオリエンテーションを済ませていた。遠くからやってきた年齢も性別も異なる教師たちは、カトマンズの親戚や知人の家に泊まっている。その一人ひとりに担当教科を確認すると、ネパール語、英語、社会、数学、理科である。

数日市内を走って調達したわずかな材料で、チョーク・アンド・トークの板書と講義方式を取り入れ、グループ討議を進める覚悟をしていた。そんなところに日本からの機材が到着して、ワークショップは、にわかに活気づいた。

＊

会場になった教室は、壁が乾かないし、電気照明もなく薄暗い。屋外は明るく、乾季で気持ちの良い晴天が続く。町の中心から少し離れていて喧騒もない。木の下に机と椅子を持ち出して座ったり、筵《むしろ》の上に車座になってグループ活動をすることが多かった。

ネパールの人たちの名前と、それぞれ特徴がある顔はとても覚えにくかった。そこで、一人ひとりの横顔をはがきサイズの用紙を使って、グループ活動のとき、また休憩時間に、いたずら書きして記憶しようと試みた。

ワークショップが終わる頃には、みんなの顔のいたずら書きができた。それをプリントゴッコで印刷して、一枚の厚紙にコラージュのように貼り付けたものを、一人ひとりに記念として渡した。電気がない所でもプリントゴッコの印刷で、こんな配布物が作れる、そのことを教えたかった。

長い間、私の古い書棚に残っていたそれが、写真15である。

それを見ると、ネパールの男性が頭にするトピーと称する帽子をしているのが六人いる。それらに混じって女性も六人いて、毎日のように世話役を果たしてくれたスニタ女史もいる。右上のトピーを頭にしてメガネのモハン（Mr.Mohan）は英語担当、その隣の小さな女性がラダ（Mrs.Radha）で、数学担当の先生だった。

モハンの下にいる小さいのが私で、“Let's make & do !”（さあ、作って、試してみよう）といつも彼らに言っていた言葉を吹き出しにしている。これを見ると、若くて元気だった頃のことを思い出すとともに、こんな印刷物でも残しておいてよかったと思えてくる。

参加者たちとは、ミルクを入れた甘いネパールの紅茶のチャイで休憩し、昼の軽食も一緒に食べた。ボウルに入った水で右手をすすぎ、その右手の人差し指、中指、薬指の三本をスプーンのようにしてカレーをすくって口にする。最初はどぎまぎしたが、それにも慣れた。四十五

写真 15　カトマンズの国内研究集会の 22 人の参加者たち
筆者が参加者の名前と担当科目を覚えるため描いた似顔絵で、最終日に参加者に色紙にしてプレゼントした。右端の上から 2 人目、“Let's make & do!” という吹き出しを付けて小さく載っているのが筆者。真ん中辺りの英文には、1979 年 11 月 30 日から 12 月 13 日まで開催されたことが記されている。

年もの以前のことなのに、いたずら書きした彼らの顔を見ていると、まるで昨日のことのようである。

わが機材がロスト・バッゲージになった原因は、アシスタント役のビマール氏がタイ航空を追及したところ、どうやら間違ってバンコクとロンドンの間を往復し、その後にカトマンズに到着した、ということだった。

ソニーから出してもらった大型テレビとビデオ・レコーダーは、とうとう私の一か月の滞在中には届かなかった。これには別の原因があるようだが、この時点ではまったく不明のままだった。会場には電気は来ていなかったので、届いていたとしても使えなかった。それに私のネパール武者修行に必要だったのは、テレビやビデオ・レコーダーではなく、「どうにか、なるわいなー」という思いだった。

＊

5　植村直己さんのこと、ホテル・エベレスト・ビューのこと

この二度目のネパール滞在では、前に記したように、到着したとき荷物が出てこない深刻な事態を経験したが、悪いことばかりではなく、予期しないミラクルもあった。冒険家の植村直

己さんに二度も出会う機会があったのである。

その夜、日中の仕事を終えて、貧弱な食事のあと小さな暖炉で疲れた身体を休めていた。カトマンズの十二月は、夜は冷え込む。

そのとき入り口のドアにノックの音がした。私だけなので宿泊客の到着かと思ってドアを開けた。うす暗いなかに小柄な男がリュックを下ろして立っていて、色黒の私をネパール人と思ったのか、あまり流暢《りゅうちょう》ではない英語で、ここに今夜からの宿泊を予約していると言う。「私は日本人ですよ」と言うと、そそくさとリュックから本を取り出して表紙を見せた。それが『北極圏一万二千キロ』だった。なんと一人でやってきたのは、冒険家の植村直己さんだった。

その夜は植村さんも忙しそうだった。私も疲れていて、短い挨拶をしただけだった。

翌日の夜、植村さんの話を聞いた。このコテージは国立トリブバン大学のナラヤン・バイディア氏と日本人の奥さんが経営するもので、植村さんは常宿にしているとのことだった。そして二、三日もすると、彼の姿は見えなくなっていた。

＊

研究集会の終了後、数日を後始末に費やした。なんとか仕事を終えたのは、クリスマス前だった。この機会に是非ともホテル・エベレスト・ビューに行きたかった。

標高三千七百七十六・一二メートルの富士山よりも少し高い、三千八百八十メートルの地点に建つホテルである。たとえ山登りから遠ざかっていても、山のニュースは目にし、耳にも入る。このホテルは宮原巍《たかし》さんが建設に奔走し、一九七一年から営業を開始している。私はカトマンズ滞在の間に、市内にあるツアー会社を見つけていた。

カトマンズから私が乗り込んだのは、機長を含めて乗員五名の小さなプロペラのセスナ機だった。同乗者は、大気汚染調査で来た北海道大学の中年の教授、米国ボストンから新婚旅行中という若いカップルだった。パイロットが私たちを見て、私にコ・パイロット（副操縦士）をしろと言う。

セスナ機に乗るのは、これが三度目。前回は一年前のネパール。国際研究集会に末武教授と二人で参加して、海外からの参加者たちとポカラに行った。その往路が二十人乗りくらいの中型セスナ機だった。帰路は、カトマンズまで山道の百五十キロをオンボロのバスで十時間費やした。

セスナ機にはじめて乗ったのは、初渡米時のアリゾナ州フェニックスからのグランド・キャニオン行きだった。

だが、ここでは副操縦士の席に着く。それははじめてである。

それでも例の「いたずらっ子」気分でパイロットの横に座り、シートベルトを締めた。カトマンズから高度三千メートルを超えるシャンボチェの滑走路（エア・ストリップ）までの飛行は、峰また峰を越え、まるで曲芸飛行をするような思いをした。

セスナ機を降り、そこから凍った雪道のトレッキング・ルートを約一時間歩くと、ホテルである。

この頃、私は日本にいるときでも、日ごろ足を鍛えるためビブラム底の革製のウォーキング・シューズを愛用していた。その靴で海外にも出かけて、その頑丈さのおかげで雪道でも歩くことができた。前年、はじめてのカトマンズにも持参した羽毛のキルティングのジャケットも重宝《ちょうほう》している。松原通の兄嫁のマーちゃんが手編みしてくれた二重編みのスキー用セーターは、手放せないアイテムである。ただ高山病には何の備えもしていなかった。

ホテル・エベレスト・ビューの第一夜は、なんともなかった。

しかし、次の夜は激烈な頭痛に襲われた。頭に鉄輪をはめられてグングンと締めつけられる地獄の責め苦の激痛である。それが朝まで続いて、まったく眠れない。ホテルのスタッフに症状を伝えると、高山病の一種だと言う。酸素を吸入すれば軽快に向かうらしい。日本大学の医療チームが滞在していて治療を受けることができるが、高額なので逡巡していると、昼前には頭痛は軽くなった。

カトマンズへの戻りでは、近くまで来ているセスナ機のエンジン音は聞こえるものの厚い雲で二日間は着陸できず、滑走路の雪かきをした。その代わりナムチェバザールへの片道三時間ほどのトレッキングが経験できた。

その足止めのとき、また植村直己さんに会って話を聞く機会があった。彼は高度順応を心がけて、歩いて登ってきている。さすがに本物の登山家である。今回の滞在は無酸素の単独登頂の下見だという話だった。

植村直己さんは北米最高峰、標高六千百九十四メートルのマッキンリー（二〇一五年から正式名称は「デナリ」）に世界初の冬季単独登頂に成功するが、下山中に行方不明となる。この五年後の一九八四年のことである。クレバスに滑落死したとされる。

＊

帰国後、カトマンズで参加者に配った私のいたずら書きは、創設まもない日本科学教育学会のニュースレターに掲載された。

ソニーからの購送機材の大型テレビとビデオ・レコーダーが現地に届いたという報せがあったのは、なんと一年後のことである。

ソニーが日本からバンコク経由でカトマンズに発送しようとした機材は、大きな木枠一個の貨物だった。それはバンコクには到着したものの、カトマンズへの航空便には搭載できないサイズで、長い間放置され、とうとう内容物を二個の貨物に分割して運ばれた。そのために一年も経過したのである。

トラブルの事情は判明したが、現地に到着した機材の設置や活用を説明する必要がある。その解決のため日本科学教育学会の支援を得て、四十一才のとき三度目となる短いカトマンズ滞在をした。

日本科学教育学会は、茅《かや》誠司氏や玉虫文一氏の懸命の努力で発足したばかり。初代の会長が大塚明朗氏で、私の職場の直属上司の大橋秀雄先生が事務局の役割をしていた。私はメッセンジャー役で、日本橋の三井本館に事務所を置く大塚先生をたびたび訪問することがあった。私の会員番号は、いまも九十四で残っている。

3章 再びのクアラルンプールとバンコク

1　再びクアラルンプールに

ホテル・エベレスト・ビューに滞在した一九七九（昭和五十四）年の年末は、家内と小学四年生の長男を連れてフィリピン大学の国際集会に出席し、同大学で一九八〇年の新年を迎えた。この一九八〇年は、珍しく国内に落ち着いていることができた。

そして一九八一年。

この年、二度目のマレーシア行きとなり、三月から六か月間、クアラルンプールに滞在した。これは国際協力事業団（JICA《ジャイカ》）からの短期専門家の派遣要請である。赴任先はマレーシア教育省の教材局（EMS）だった。

この時期は、事業団の教育分野への協力が大きく拡大しはじめた頃である。インフラ整備や箱モノの大型施設の建設事業の援助として、大学の研究施設など高等教育分野への協力は続いていた。それを基礎教育、理数科教育、教師教育に拡大することを模索しはじめる時期を迎える。私のマレーシア派遣直後に、後に朋友となる内海成治がマレーシアのペナンにあるユネスコ・アジア太平洋地域教育事務所が所管する理数科教育センター（ＲＥＣＳＡＭ）に、日浦賢一がフィリピン大学理数科教育センター（ＵＰＳＥＣ）に派遣される。このセンターの初代所長はドロレス・フェルナンデス女史で、バンコクのＩＰＳＴ（科学技術教育振興研究所）所長のニダ女史と並ぶ著名な科学教育研究者だった。フィリピン大学のセンターこそＪＩＣＡが建設して供与したもので、そこで新たにソフト面の長期の協力をしようとするものだった。

やがて、ずっと後に事業団は国際協力機構と名称変更し、人間開発部門が創設され、アフリカ地域の理数科教育の協力事業に発展する。建設会社やゼネコン企業も教育コンサルタントを派遣するようにもなったのである。

2　クアラルンプールで競歩に

朝六時。早朝とはいえ南国の炎天下である。私は汗を流しながら必死に歩く。と言っても散歩ではない。呼吸は苦しく、次第に息切れする。前後で多くの選手が激しい息遣いをしている。両足が地上から離れると失格するビッグ・ウォーク（競歩）である。どちらか片足は地に着いている瞬間がなくてはならない。競技コースには審判がいて、走ると失格とされる。両手をリズミカルに動かし、できる限りの早足で歩く。だから腰を振った奇妙な格好になる。これが陸上競技の一つとされる競歩で、マレーシアでは「ウォーカ・トン」と言う。この国ではクリケットとバドミントンに並ぶポピュラーなスポーツである。

私は中学一年生のときの学級対抗駅伝で、京の妙心寺から広沢池まで走った。このクアラルンプール滞在で、行きがかりから競歩の選手となって、京に残した記憶を思い出していた。あのときもランニング・シャツの胸と背にゼッケンを縫いつけていたのだった。

熱帯の国だから早朝六時に議事堂前を出発し、距離は十キロ。いつもは勤務のあと散歩するレイク・ガーデン近くの広々した舗装道路がコースである。途中の数か所に職場の部局ごとの応援団がいる。彼らは日除けパラソルの下にいて冷えたコーラを飲みながら、私を見つけると、ひときわ大きな声援を送ってくれる。それに元気を得て、なんとか四、五人は追い抜いたが、へとへとになってゴールした。年代別の時間記録で、私は四十代ランナーのなかで十一位だった。残念ながら一人違いで入賞できなかった。

草むらに転がって休息していると係が走ってきて、お前が十位入賞だと言う。まわりにいた職場の仲間たちが、ワーッと歓声をあげた。先に入賞者とされた一人が、途中で違反をしたと判定されたのである。それで私が繰り上がって十位になった。

このときもらった小さな入賞楯は、長く大切にしているモノの一つである。

3　マレー、中華、インド系の職員たち

競歩で汗を流したのは、クアラルンプールに四年ぶり二度目に半年の滞在をした四十一才のときだった。

前記したように、赴任先はマレーシア教育省の教材局である。見知らぬ異国の一つの組織に、たった一人で落下傘降下するようなもの。降りた地点は、多民族の職員たちの真っ只中だった。

教材局は総勢約二千名の職員を抱えている。ざっと見てマレー系が五割、中華系が三割、あとがインド系などである。全体を掌握するのは、中華系のソ・チュ・トン局長。関連部門の教育テレビ部の部長は、インド系のV・V・ジョージ。最も少数部門が約六十名の教材開発部。それが私の机がある職場である。

教材開発部が入る建物は、教材局本部からかなり離れたクアラルンプール中央駅近くの大きな屋敷然とした木造二階建てだった。直属上司はアダム部長で髭をたくわえている、いかつい、でっぷりとした男である。彼は聖地メッカの巡礼を済ませた敬虔なイスラム教徒。アルコールは口にしない。

部下の職員は男女半々で、女性はサリーを身にまといい髪を隠すヒジャーブのスカーフをしているのがマレー系、Tシャツにジーンズは中華系なので、服装で見分けられる。

私の隣の席に、中華系のウイ・チュイ・センが補助役（カウンター・パート）として座ってくれた。広いオフィス全体に、マレー、中華、インド系の約六十名の職員が机を並べていて、みんなが達者な英語を話すなかで過ごす日々となった。

算数と理科の教科書内容を点検し、補助教材や教具を工夫するのが主要な仕事である。当時は、多くの科目の教科書は英語だった。後に首相となるマハティールが教育大臣で政界復帰したのち、学校も教科書もマレー語、中国系のマンダリン（華語）、インド系のベンガル語の三系列になるのだが……。

トン局長は、私が赴任した最初の土日に、自分の車を運転して、生まれ育ったペナン島への一泊二日の長距離ドライブに招いてくれた。当時は、半島部のバタワースからフェリーでジョージ・タウンに渡った。

テレビ部部長のV・V・ジョージは、土曜日の午後にテニスに誘ってくれる。夕刻でも屋外コートは太陽の西日が当たって、とても暑い。汗を流しながらのテニスになる。そのかわり、冷えたビールをサイダーで割った冷たいシャンディで喉を潤す楽しみがあった。

＊

アダム部長から「毎年開催される教育省の競歩大会があるので、日本人のお前も出場しろ」と言われたのである。教育省には大勢の職員がいる。そのうち四百名くらいが恒例のウォーカ・

トンに出場する。

この年は、外国人の専門家は省内で私一人だけで、アダム部長に参加を請われると引っ込むわけにいかなかった。例の好奇心と「おっちょこちょい」のせいである。それで、炎天下の猛暑の照り返しが長く続く道路の上を、腰を振って手も振って汗だくで歩き続けたのだった。

宿はクアラルンプール中央駅前のマジェスティック。ここは古い南国風の三階建て。一階にコロニアル風の、とても天井の高い空調無しの食堂がある。年老いたウェイターが歩くと木の床の音がする。二、三階へはジャバラ式のエレベーターが、かろうじて動く。戦争中、日本軍がこの建物を本拠地にしたと言われる。近くに広大なレイク・ガーデンがあって、夕刻、そこに散歩に行くとき、国立博物館の前を通る。大きな壁面に日本の兵隊が現地の人を踏みつけているタイル画があって、それが気になって仕方がなかった。

私はこのマジェスティックの二階の一室に居住した。部屋は広くて、卓球台が置けるくらい。高い天井ではガタピシと扇風機が回る。テニスの壁打ちもできる。バスタブは、おぼれそうになるくらい大きな琺瑯《ほうろう》製だった。

だが、男の四十一才は厄年である。まさに現地での半年の滞在中に三つのトラブルを経験した。

4　トラブルが続いた厄年

一つは、赴任先のオフィスが全焼したこと。持ち込んでいた機材と資料がすべて灰になった。二つ目は、一週間のシンガポール出張中にホテルの自室に泥棒が侵入して、部屋中をかき回されたこと。最後は、乗ったタクシーが市内中心地で後続のトラックに追突された事故である。これ以上はごめんである。この三つで厄落としができたと思うことにしたかった。

一つ目の火災は、現地の新聞に写真入りで出た。出発前に加入していた保険金は、日本にいる家内が受け取った。何も知らせていなかったので、家内は保険金を受け取ると、何事かと思って夏休みに現地に飛んできた。

建物が全焼して、職員六十人とともに私はオフィスを失った。が、しばらくしてフェデラルハウスの六階に移った。さいわいだったのは、宿泊した古びたマジェスティックから歩いて十五分ほどで通勤できることだった。中央駅のイスラム風の優雅な建物を見ながら、堂々たる鉄道省の前を汗をぬぐいながら歩く。その横を現地の人たちがスイスイとエアコンの車で涼しげに通勤している。

それが癪《しゃく》だったので、家内が来たとき休暇を取って、エイビスのレンタカー屋でコロナ・マークⅡを借りた。日頃の鬱憤は、東海岸クアンタンへのドライブ旅行で晴らした。

二つ目の不在中の泥棒の侵入は、ホテルの外壁から二階の風呂場の窓に登り、観音開きの窓の掛け金を外して入ったものと思われた。当然ながら、貴重品はフロントに預け、部屋には置いていない。

写真16　クアラルンプール滞在時の筆者
当時41才で、アタッシェ・ケースを手に、歩いて約15分の勤務先に向かうところ。後ろはクアラルンプール中央駅。片側3車線の道路を車が行き交う（1981年7月）。

しかし目茶苦茶に荒らされて、眠れない一夜を過ごした。現地の警察署にも出かけて、この国の警官がいかに偉ぶっているかを思い知った。最後の自動車の追突事故は、頸椎《けいつい》などに損傷がなくて助かった。ただ、猛暑の白昼に冷房の効いたタクシーから降ろされて、大汗を流すことになった。

六か月間の滞在となったクアラルンプール。京の松原通の実家から甥《おい》の芳博君、そして初渡米で一緒になった奈良在住の佐谷光保氏が来訪してくれたことも忘れがたい。

そして、その間に職場で、職員たちの断食月（ラマダン）の過ごし方に目を見張った。たった一人の日本人の私は、ランチを食べるかどうか迷う日々を過ごした。マジェスティック・ホテルに居住していると朝に夕に聞こえてくる近隣のモスクからの大音響のコーランには、なかなか慣れることができなかった。

六か月の任期が終わるとき、トン局長が私を慰労する旅行を手配してくれた。アダム部長とのボルネオ島（現在は一般にカリマンタンと呼称）のサバ州コタキナバルへの二泊三日の旅行だった。

二人で夕食をとったとき、私の宗教を訊かれた。日本でなら無宗教で通用するが、マレーシアではそうはいかない。そこで何とか「仏教徒だ」と答えた。コーランのようなお祈りがあるのか、と言われて、幼い頃、朝夕に母が仏壇に線香を供え、口にしていた般若心経を思い出した。もはや忘れかけていたが、神妙に両手をあわせ瞑目して「摩訶《まか》般若《はんにゃ》波羅《はら》蜜多《みった》〜〜」とやってみた。遥かな異国、それもコタキナバルの小ホテルの食堂で、素人が唱える般若心経である。

それでも、アダム部長の私を見る目が少しは変わったように思えた。イスラム教徒の彼は、出張のときにも、日に五回のお祈りをする際に使う小さな絨毯《じゅうたん》を持ってくる。お祈りの前には両手と口と不浄の所を洗い清める姿に、多民族の国の宗教と信仰の強さを考えさせられた。

マレーシアから帰国した翌年早々、クアラルンプールから教材開発局（ＥＭＳ）のソ・チュ・トン局長が、目黒の国立教育研究所に来訪したことがあった。この訪問は、彼が別用で来日した機会に、私の六か月間もの派遣をしてくれた研究所の木田宏所長に感謝の気持ちを伝えるためだった。木田所長は、麻布十番駅に近い鳥居坂の「国際文化会館」（Ｉハウス）のディナーにトン局長と私を招く対応をしてくださった。

Ｉハウスは都心にあっても静寂で、落ち着いた日本庭園がある。海外からの大切な訪問客をスマートにもてなす方法を学んだ。海外の教育協力の仕事は、まだ駆け出しの私には、とてもありがたいことだった。そして改めてマレーシアの中華系のトン局長の配慮にも感心したのだった。

5　東京に来たタイ人、C・トンチャイ

クアラルンプールでの六か月の滞在を終えて帰国した翌々年の一九八三（昭和五十八）年一月。東京は寒い冬だった。

海外から来日する専門家たちは、開港したばかりの成田空港に到着するようになった。だが、空港までは遠い。そのため出迎えは、東京の水天宮近くのエア・ターミナル（T-CAT《ティーキャット》）と決めていた。この夜、私は、みぞれが降り続くT-CATでタイの来訪者を待っていた。

バンコクから男女二名ずつ、四人が成田から到着する。訪日チームのリーダーはC・トンチャイ。事前に届いた資料では、彼は米国で博士号を取得している。来訪の四人は、バンコクにあるタイ国教育省の科学技術教育振興研究所（ＩＰＳＴ）の学術職員である。

バスから降りてきた四人は、十分な冬の服装ではなく寒そうだった。それぞれ大きなスーツケースを持っている。タクシー二台に分乗して、宿泊先の鳥居坂の国際文化会館Iハウスまで運んだ。

＊

トンチャイ、プルムアンの男性二人、イエンチャイとナンティアの女性二人、いずれも初の来日で、みんな英語は達者である。

翌日から、私の職場で日本の科学教育の概要を説明し、都内の科学技術館や研究施設への案内も円滑に進んだ。そして数日の後、自由行動の半日を用意した。

四人だからタクシー一台で間に合う。彼らが行きたいという皇居、浅草、秋葉原を自分たちで回る。最後は夕刻に私の職場に戻る計画にした。これで私は久し振りに彼らから解放されて、自分の仕事に集中できる。

たくさんの土産を両手にニコニコ顔で、約束通り夕刻に戻ってきた。お茶を飲んで休憩していたとき、トンチャイがハッとして「買ったばかりのカメラ、いま降りたタクシーに忘れてしまった！」と青くなって言うではないか。

これには驚いた。彼はタクシーの領収書は持っていた。交通費をこちらで負担するのでレシートが必要なことは、最初のオリエンテーションで説明しておいた。それが役立った。

すぐにタクシー会社に電話をした。そして一時間後に彼の新品のキヤノンの高級カメラが戻ってきた。これには四人もびっくり。当時のバンコクのタクシーでは考えられないミラクルだった。

*

彼ら四人のアテンドをしたとき、もう一つ思い出すミラクルがあった。

初来日する外国人の注文は、新幹線に乗るのと京都行きである。私にとっても好都合である。京都は生まれ育った所で、建設に携わった青少年科学センターがある。それに家内と二人の小さな息子を残しているので、短い時間でも顔を見ることができる。

いつものように四人を新幹線に乗せて、京都の青少年科学センターを案内する。その後は、狭いながらもわが家で定番のすき焼きである。

初来日の外国人たちは、小さな家屋で日本のすき焼き鍋を囲むのを大いに気に入ってくれる。それに冬なら燗酒《かんざけ》を振る舞うと、いっそう盛り上がる。私がうろ覚えのタイのロイカトン（灯籠流し）の歌を歌うと、四人も十八番の喉を披露してにぎやかになった。そんななかでトンチャイに、彼が米国で博士号を取得したという大学のことを尋ねてみた。

彼はメリーランド州立大学（UM）で学んで、指導教官はマジョリー・ガードナー女史だったと言う。「それなら、私も六年前の一九七七年の四月にガードナー教授を訪問して、数日間滞在したことがあるよ……」ということになって、家に残していたアルバムを取り出してみた。UMでのスナップ写真の一枚の片隅にトンチャイが写っているのを発見。驚くやら、嬉しいやら。その場がいっそう盛り上がった。

その写真は、私がUMを訪問した際の簡単な「チーズ・アンド・ワイン」のときのものである。ガードナー教授たちの研究室で学んでいる国内学生、そして留学生たちの交流の時間で、たまたま居合わせた私も飛び入りで加わったのである。

しかも、その一枚の写真には、トンチャイの隣に小さくタイ人女性が写っている。それが、わが家ですき焼きを楽しんでいる四人が所属する研究所の所長、ニダ女史だったのだから、その場がさらににぎやかなことになった。

写真に写る所長のニダ女史は、タイから国費で米国に送り出したトンチャイの博士論文の進み具合が気になって、応援などのため訪問していたのだった。

＊

彼ら四人だと京都市内で中型タクシーに乗るのに好都合で、私を入れても一台で移動できる。御所や二条城を案内するとき通りがかる大宮通に、淳風小学校と郁文中学校がある。東寺の塔の近くには洛陽高校が（そのときは洛陽工業高校と名前が変わっていたが）あって、どれも私の母校だと言えるのは嬉しいことである。

彼ら四人がタイに帰国した三か月後、私はまたしてもユネスコからの要請を受けた。今度は、タイ国内の高校の先生たちに、一か月かけてワークショップの指導をする。その会場は、彼ら四人がいるバンコクのＩＰＳＴだった。

もちろん現地に到着した際、彼ら四人と再会し、大いに助けてもらった。所長のニダ女史を表敬訪問し、食事をともにする機会もあった。

誰にも先のことはわからない。

だが、トンチャイとは数年後、ユネスコからの派遣でニューデリーに、さらにカンボジアのプノンペンに、それぞれ一か月の滞在をして一緒に働く機会が待っているのである。加えてトンチャイとプルムアンとは、晩年になるまでそれぞれの夫婦を含めた長い付き合いを続けることになる。

ずっと後年、約四十年も後の二〇二〇（令和二）年二月に、私が八十才の誕生日をバンコクのＩＰＳＴで迎えることになるとは、思いもしないことだった。それはコロナ（Covid-19）禍のパンデミックが始まる頃のことである。

4章 バングラデシュ体験

一九八三（昭和五十八）年四月、バンコクのＩＰＳＴでの一か月間の滞在を終えて帰国。一息つく間もなく、引き続き文部省を通じてユネスコからの要請が届いた。六月から二か月間のバングラデシュ行きである。この四十三才でのバングラデシュ行きこそ、ガイドブックも無い国での情け容赦の無い現地教育協力の修業となった。

1　英国人、インド人、日本人のチーム

前記したが、国内の所属先の平塚前所長から「君は良い育ちをしてきたとは言えないから……」と言われ、直属の上司の大橋秀雄先生からは「欧米の教育を対象にするのが主流だけど、君は誰も手がけていないアジアに取り組んでみては……」と言われてきた。この二人の配慮で、

外務省研修所の研修を受けてきた。その結果なのだから、どんな仕事も甘んじて受けなくてはならない。

バングラデシュの首都ダッカは、その六年前の一九七七年に日本赤軍が日航機をハイジャックした事件の現場である。日本政府が超法規的な措置をして、航空機の乗客と引き換えに国内に収監していた日本赤軍などの過激派を出獄させ、多額の身代金を持たせてダッカ空港で解放した事件だった。

日本を出発するとき、現地の仕事の内容は漠然としていた。

バンコクのユネスコ事務所で説明がある、としか知らされていなかった。ともかく手早く旅支度をしてバンコクに着き、何度か来たユネスコ事務所にすぐに行く。さっそく顔見知りのアンポーン女史が会議室に案内してくれた。

そこに三人の男が座っていた。

一人は中年で大柄な英国人のデニス・チーズマン。六十才前の国際的に知られた人物で、私は数年前にフィリピン大学の国際会議で会っている。

インド人のアティン・ボースがいた。彼は来日したとき、私の職場に来て話したことがあった。五十代半ばである。彼ならベンガル語ができるはずである。この二人と珍しい所で再会して、久し振りの挨拶をした。

もう一人、初対面の老年に近い男がいた。

写真17　バングラデシュに派遣された4人
左から順に、英国人ジョン・シース、インド人アティン・ボース、バングラデシュ文部次官夫妻、英国人デニス・チーズマン、一人おいた右端が当時43才の筆者（1983年7月、ダッカで）。

小柄で神経質そうな表情に鷲鼻の英国人ジョン・シースである。私が挨拶すると、本格的なキングス・イングリッシュが返ってくる。アジアのブロークンな英語に慣れてきた私には、低い声の発音はとても聞きづらかった。

四十三才の私は、四人のなかでは駆け出しの青二才である。そこに次長の千葉杲弘《あきひろ》さんが現れた。初対面ながら、日本の方に会えてホッとした。そして、すぐに現地派遣のためのブリーフィングが始まった。

＊

私たち四人のミッションは、現地で中学校を百校建設する事業の基本調査である。

チーズマンはチーム・リーダーを務める。英国人ジョン・シースは校舎の建設計画、ボースは現地での折衝と通訳を担当する。私の担当は現地の状況に合わせた教育機材の供給計画の策定である。私たち四人のミッションは、二か月後に最終報告書を提出して終了するものだった。

この事業はアジア開発銀行（ＡＤＢ）が検討していて、私たち四人はその現地調査をする。アジア開発銀行の本拠地はマニラにあって、主要な支援国は日本である。それで日本人の私を調査チームに加えたのだと思った。

私たちは千葉次長と南アジア担当者から現地の概況を聞いて、事前の準備を急いだ。その間、初対面だったシースだけは落ち着いた紳士然としていて、ときどき何か洒落たジョークを言う。それが私以外の二人を笑わせる。だが、私には意味がわからなくてお手上げだった。

＊

私たち四人は、ドンムアン空港から午前発のビマン航空７２７便に搭乗した。ダッカまで約三時間である。その途中、猛烈な揺れと頭を打ちそうな機体の突然の落下を経験した。ベンガル湾上空の激しいサイクロンの影響である。機内は暑いのにエアコンは効かない。それどころか、吹き出し口から水がポタポタ落ちてくる。

座席シート部分のラベルは黒ペンキで塗りつぶされているが、下地に日本語の文字が見える。どうやらダッカ事件の際、日本政府が賠償として供与した機材のようである。機内の昼食は、小さなボール紙の箱にジャムとバターとロールパンが一つ。それに水の小さなパックだけ。なんだか先行きが思いやられた。

昼過ぎにダッカ着。外は経験したことのない猛烈な蒸し暑さである。炎天下をターミナル・ビルまで歩く。荷物を取って、エアコンの無いオンボロ小型バスで市内のホテルに向かう。ホテル近くまで来て、バスは大勢の物乞いに囲まれて動けなくなった。開けていた窓という窓から何本もの手が伸びてくる。黒い手という手が何とか私たちの持ち物を奪おうとする。

やっとの思いで到着したシュナルガオン・ホテルは外とは別世界で、まるでオアシスのように思えた。部屋に入ると、いっそう超一流ホテルに来たと感じた。このホテルも政府からの賠償として、清水建設が工事を担当したとのことだった。

＊

翌日から二、三日は大車輪となった。

朝のミーティングで、私の初日の仕事が決まった。リーダーから預かった前払い金を使って車をレンタルすることと、運転手を雇用することである。ホテルの前に大勢いるリキシャの車夫のなかで英語が通じる男を選んで出かけた。シースとボースの二人は二か月間借り上げる事務所探しである。

ホテルで聞いた貸し自動車屋は見つかったが、路上に並べてある車はどれもオンボロ。二か月間の現地調査で快適に走り回ることはできそうにもない。

どれも気に入らなかったが、そうは言っておれない。ただ日本とおなじ右ハンドルなのは助かった。比較的タイヤの溝の残っているものを探した。ハンドルのがたつきをチェックし、エンジン音とブレーキ、燃料計、スピード・メーターを点検した。そして少しでもエアコンの効きがマシなライトバンを選んだ。

この車選びには、私が車好きで海外でも車に乗ってきた経験が役立った。

次は運転手である。

近くにドライバーを抱える事務所がある。運転手の仕事は二か月間。臨時の休み以外は土日も休み無しで借り上げた車の運転をする。その車はすでに仮契約を済ませてきたばかりで、近くに用意してある。

運転手を抱える会社のオーナーをつかまえて、「試みに五日間雇い、その後に契約する」と告げた。道路には大勢の運転手がたむろしていたが、英語ができる五人を選んでくれるように依頼し、すぐに面接である。

五人の男たちに紙と鉛筆を配って、名前、年齢、住所を書いてもらった。短い時間で、候補者の年齢と運転経験、健康状態や最低限度の英語でのコミュニケーション力、そして人柄を見極めなくてはならない。

給料は週払い。運転の担当時間は制約無しで、日に米ドルで五ドル。一週間で三十五ドルになる。これでかなりの好条件のはずである。調査チームがダッカにいる間は、ホテルの運転手溜まりで寝起きする。チームが遠隔地に出張する間は無給の休暇になる。

ひと通りの手順を終えた後、比較的若くて明るいシャキヤと名乗る男に決めた。さっそく借り上げた車を運転させて、途中でガソリンを満タンにするとホテルに戻った。

チーズマンが車を点検し、シャキヤの手書きのメモをチェックして短い面談をした。これで、はじめの五日間の仮運転、その後の約二か月間の私たちの足が確保できた。

2　汗また汗の現地調査

リーダーのチーズマンと英国人シースの仕事は、ボースを伴っての事務所探しだった。調査チームのホストである政府側の教育省は、ほとんど何の対応もしない。私たちは何度も教育省に出かけたが、レンガに白い漆喰《しっくい》を塗り付けたひどいものだった。暑さのためか入り口にドアは無く、窓はあるが外光が入るだけで、ガラスは無い。

空調は無いのだから仕方ない。通路に雑然と書類が山積みされていて、足の踏み場も無い。そんな状態なので、チームがまともな部屋を借りられそうになかった。

やがて教育省の近くに事務所が決まり、リース会社がガタピシの机と椅子を運んで電話機一台を置くと、それが急づくりのオフィスになった。

チームの毎朝のルーティンは、前日のデイ・レポートを手書きして、リーダーの部屋のドア下に差し入れることだった。まだワープロ以前のことだから、もっぱら辞書が頼りの手書き作業である。こんな所で中学校の英語の時間に立たされ坊主だったことを悔やんでも仕方ない。茗荷谷の外務省研修所で六か月間の集中研修を受けたが、それも焼け石に水である。教育協力の現場で、待ったなしの場面でこそ正味の実力が出てくる。

朝五時には起床してレポート作成を済ませ、ただちに車の点検である。運転手のシャキヤの健康状態を見る。彼が給油した領収書を回収し、車の始業点検と燃料メーターをチェックする。前日までの車の走行距離を日誌につける。そこで、ようやくレストランの朝食にありつける。

＊

金曜日だけはイスラム国のアルコール解禁日である。だから金曜日の私の仕事の一つは、空港近くのドル・ショップにビールの買い出しに行くことだった。外国人パスポートで標準サイズのハイネケンの缶ビールが制限の一カートン、二十四個だけ購入できる。

この頃のダッカで唯一の一流ホテルのシュナルガオンでも、ビールなどのアルコール類は置いていない。ドル・ショップに行くしかなかったが、係員が多くて、やたら手間がかかる。昼過ぎに来てビール一カートンを手にできるのは夕刻近い。

ホテルに持ち帰っても、ビールにありつけるわけではない。その夜に限って教育省の数名が打ち合わせだと言ってやってくる。お目当てはビールで、せっかく手に入れた缶ビールはことごとく無くなってしまう。

連日のようにダッカ近郊の校舎建設の候補地を車で走って、現地調査をする日々である。教育省でお役人に折衝して入手した学校リストだけが頼りになる。学校リストを運転手のシャキヤに見せ、確認できれば彼の運転で出かける。

私はナビゲーター役で、助手席に座る。道路状態とシャキヤの運転を見守りながら、息は抜けない。後部座席の三人は乗り心地の悪いことと、朝からの炎暑で、ぐったり気味である。シャキヤが車を停めて通りすがりの人に尋ねながら、調査先になんとかたどり着く。たいてい小高い所に学校らしきものが見える。車を降りると灼熱の太陽に辟易《へきえき》しながら歩く。

ここで年寄りのシースが先頭を切って歩くのには、いつも驚かされる。これぞ途上国の教育開発の達人である。彼は調査サイトだとわかると巻尺を出し、簡単な測量をする。既存校舎の屋根の構造や教室間のスパンを手早くノートに記録する。

リーダーは、ボースの通訳で校長らしき人物への聞き取りを始める。私は地面がむき出しのボロ教室を歩いて、机や椅子の状態、備品らしきものをチェックする。目立つものは何も無い。黒板さえもろくなものが無い。猛烈に蒸し暑く暗い教室に子どもたちが寿司詰めである。彼らの目が、みんなキラキラしているのだけが救いだった。

＊

それでもダッカ郊外を走る間は、まだ良かった。暗くなってホテルに戻ってくると、そこは明るく清潔で風呂にも入れた。本当に大変だったのはクルナ、ラシャヒール、マイメンシンなどの地方での現地調査だった。

最初の地方行きの前、シースから買い物に行くので私も付いてくるようにと言われた。ごった返すオールド・ダッカの市場で彼は紅茶、砂糖、スプーン、それに欠けたカップなどを買った。

地方の宿舎。それは政府関係者も泊まるそうで、かつては立派だったに違いないが、まるで古い土蔵である。私が幼い頃の家の向かいは和漢薬店で、奥に蔵があって暗闇のなかで遊んだことを思い出す。

ここが泊まる部屋だと言われて、立て付けの悪い汚れた木のドアを開ける。むき出しの土間の暗い部屋に裸電球が一つ。スイッチをひねってギョッとするのは、ベッドに人の形の凹みがあること。ずっと以前は白かったはずのシーツは、いつ洗濯したか不明の灰色。板戸の窓はあるが、開けても夕刻なのに涼風は無く、蒸し暑くて何度ぬぐっても汗が流れる。

そんな宿が用意してくれるのは、たいていチキンのフライと小麦粉を焼いたチャパティに湯冷ましの水である。何の楽しみもない。暑くて蚊の多い暗い部屋で横になるだけである。そんなとき、シースが顔を出して「明日の朝のティーはブラックがよいか、それとも砂糖入りか」と訊く。よくわからないまま「砂糖入り」と答えておく。そして、寝苦しい一夜を過ごす。

翌朝、眠いままベッドに横になっているとノックの音がし、ガタピシの戸を開けるとシースが紅茶を入れたカップを手にしていて、「グッド・モーニング、お前が昨夜オーダーした砂糖入りのモーニング・ティーだ」と、欠けたカップを差し出す。彼とオールド・ダッカで買ったカップである。ふだんは無口な英国人の老紳士然としたシースが、若造の私に紅茶を入れてくれる。

これが外国映画で観るモーニング・ティー、あるいはベッド・ティーだった。

3 雨水を濾過し、煮沸して飲む

バングラデシュ滞在で、私は英国人シースから「自分の手を動かす、自分の頭で智恵を絞る」ことを学んだ。これに加えて地方行きには、別の三つの覚悟が必要だった。それが暑さ、蚊、そして水である。

ポカリスエットは、一九八〇（昭和五十五）年に発売されている。しかし、この一九八三年と言えば、日本ではハウス食品などがミネラル・ウォーターを発売して、ようやく八〇年代後半から普及しはじめる頃である。

海外でも、ペットボトルで飲料水が簡単に手にできる時代ではなかった。バンコクの瀟洒なユネスコ事務所には、大型プラスチック・タンクを逆さまにセットした飲料水ユニットがあった。この飲料水タンクを満載して市内を走るトラックを目にすることが多かった。小分けして市販するのはガラス瓶入りだった。

バングラデシュの地方では、この種の飲料水はまったく無い時代である。その代わりあるのは、屋根からの雨水を貯める、ひと抱えもある大きな素焼きの瓶《かめ》だった。瓶の底近くに栓があって、これを抜いてバケツに水を取り出す。その水の色はコーヒーのアメリカンよりはずっと薄いが、やはり茶色っぽい。

この水を頭からかぶってシャワー代わりにする。私は地方の土蔵のような宿舎で雨水のシャワーをかぶるとき、京の松原通の井戸水を思い出していた。

＊

京の松原通のわが家が重宝していた井戸水は、市の衛生局が水質検査をして安全に飲むことができた。夏は冷たく、冬は意外に温かな水だった。それが、私が二十才を過ぎた頃、阪急電車の地下延伸工事で水脈が切られて出なくなった。無理に汲み上げてもポンプから出てくる井戸水は濁っていた。とても口にできないし、米を炊くこともできなくなった。

隣近所で教え合って、木製の深めの桶を用意し、底近くに水を取り出す穴を開けて栓をし、よく洗った砂利を敷いて、その上に砂の層をつくる。一番底に活性炭など硬い炭を敷いておくと匂いが取れるとも言われた。その桶に水を入れ、下の栓を抜いて水を出す。取り出した水は煮沸すれば口にできた。また料理にも使った。

まさにバングラデシュの地方の滞在先のシャワーも飲み水も、屋根からの雨水を濾過したものだった。

地方のクルナやラシャヒールに出かけたときは、老朽化した宿舎で何の娯楽もない夜を迎える。薄暗く蒸し暑い宿舎にいるよりも、蚊は多くても外に出るほうが、暮れゆく草原の夕闇を眺めて少しは気分が変わる。

宿舎の汚いトイレでは、おしっこをする気がしない。暑くても大空の広がる草原のほうが気持ち良い。いつも毅然としている英国人シースも私と一緒に連れションである。山仲間では、これを「小雉《こきじ》を撃ちに行く」と言う。京都で「山乃仲間」たちと出かけたことを遥かな遠い異国の空の下で思い出す。そんな夕刻は決まって、シースの「メディシン・タイム」である。

彼は「メディシン・タイムだよ」と言って、ポケット瓶のウィスキーを取り出してくる。私にも、ほんのチョッピリを飲ませてくれる。ひと口のウィスキーが喉を通って行く。どれほどの効果があるかわからなかったが、ときどき起こる下痢症状には、持参していた正露丸とともに一時的な対処法になっている気がした。

現地滞在の二か月間に、リーダーのチーズマンだけはバンコク事務所に中間報告に出かけることがあった。残った私たち三人は、ウィスキーなど持ち込み可能な品物とともに、リーダーの帰りを待ったのだった。

4　ダッカからバンコクへ帰着

やっとの思いで二か月間のダッカ滞在を終えて、懐かしの大都会バンコク着。ドンムアン空港からリムジンで市内のホテルに向かったのはチーズマン、ボース、そして私の三人だった。

空港を出たリムジンバスの窓から遠くそして近くのバンコクの高層ビル群を見ていると、バスの横を走る車の一台に、なんとシースが乗っていて、私に気がつくと手を振っている。彼の横で中年女性が運転しているのだった。

＊

最終報告書を仕上げるためにバンコクに一週間滞在した。チーズマンとボースは帰国してしまったが、私だけは数日間の滞在が必要になった。

この年の十二月から翌年一九八四年の一月の間は、いったん帰国してから、インドのニューデリーでのユネスコ主催のワークショップの予定がある。それにはバンコクのＩＰＳＴのトンチャイと私の二人が指導・助言に出かける。その派遣要請を受けていたので、この機会に事前準備に取り組んだ。

そんなさなか、バングラデシュのミッションが終わった後も私がバンコクにいることを知ったシースが、彼の自宅での夕食に招いてくれた。彼を空港に迎え、車を運転して家に連れ帰ったのは、シースのタイ人の奥さんだった。彼はアジア地域で長い勤務実績を持っていて、バンコクで結婚し居住しているのだった。

自宅で寛いでいるシースは、奥さんの手料理を前にして好々爺《こうこうや》という風情だった。にこやかな奥さんが、タイのシンハ・ビールを楽しんでいた私に「現地から届いた手紙で主人は、ひどい下痢が続いている、と書いていました。あなたは大丈夫でしたか？」と訊いた。

シースは、例のウィスキーひと口のメディシン・タイムを習慣にしていた。だが、下痢で弱っているような素振りは一切見せなかった。むしろ出かける先々の調査現場で、チームの先頭を歩いて活発な活動をしていた。

彼には初対面のときから、年齢差もあって親しみを感じにくかった。それが二か月間、暮らしをともにするなかで、英国人の彼の流儀の仕事ぶりと日々の過ごし方を見せてくれた。

この現地調査で学んだことは多かった。

心に刻んだこともある。それは、たとえ想像もしていなかった過酷な状況のなかでも、泣き言は言わない。弱音は吐かない。むやみに人の助けを求めず、勇気を持って自分の智恵と能力を発揮することである。

まずは、みずからの手を動かし頭を働かせる。目の前に直面している事態に対応し、仕事をやり遂げる。これこそ協力活動の基本で、初対面の英国人シースは身をもって教え続けてくれた。

そして一九八三（昭和五十八）年は、このバングラデシュの後も国内で席を温めている暇もない年となるのだった。

5部　東京を離れる日

一九八三（昭和五十八）年、四十三才頃から
一九八五年、四十五才頃までを中心に、
そして、飛び飛びながら現在までのことも……

一九八三年、四十三才の八月。
やっとの思いでバングラデシュから帰国した。
すると今度は年末から一か月間の、インドはニューデリー行きである。
これまでのようにユネスコからの要請が文部省に届いたもので、
これも受けざるを得なかった。
しかし物事には、はじめがあれば、やがて終わりがある。
東京の一人暮らしは十年目となって、切り上げるべきときが近づいていた。

19才のいたずら書き 5
マンドリンを抱く女（ひと）

1章 あわただしく続く海外渡航

1　二度目のインド、四度目の米国

バングラデシュでの二か月体験を終えた年、その年末からニューデリー行きである。インドには五年前に短い一人旅をしたことがあった。列車でタージ・マハールに行こうとしてニューデリー駅で大勢の乞食や群衆に圧倒され、切符売り場の窓口にさえに行くことができず、やむなく断念した。

この二度目のニューデリー行きは一人旅ではない。

インド国内での教師向けワークショップの計画・実施をまかされている。親交を深めているバンコクのＩＰＳＴのトンチャイが専門家の一人として来ることになっていて、二人なら少し安心だった。だが現実には彼の現地到着は大幅に遅れ、ワークショップの日程が半分を過ぎる頃になった。

現地の参加者は人口七億を超える広大なインド大陸十九州（当時）から来た教師たちである。顔つき、衣装、言語、気質が多彩極まりない。英語は使えるが、その発音と話し方は異なる。それまで少しは慣れてきていたが、インドは桁違いに異色で、圧倒されそうな日々になった。主要な言語はヒンディー語だが、この国の憲法で公認されている言語は二十一もある。手にするインド紙幣には十七もの言語が印刷されている。共通しているのは、とんでもなくおしゃべり好きなことで、話を始めると止まらない。それぞれが強烈な自己主張をすることが生きて行くのに不可欠なのだろう。

私は根気よく一人ひとりのお国自慢を聴くことにしていた。それが異国で円満に仕事をする心得の一つだと思うことにしていた。

＊

何とか現地の仕事を終えると、短い休日が取れた。

途中から一緒になって手伝ってくれたトンチャイとともに、冬の休暇でインド旅行に来た日本の女性教師二人と私たち二人の四人で、タージ・マハールに向かうことにした。デリーからアグラ、ピンクシティと言われるジャイプルをめぐる旅である。前回の経験に懲りていたので、タクシーを借り上げて、運転手を雇った。

車はオーストラリア製の「ホールデン」の中古車。この車は、インドの広大な土地を走るに相応しいずんぐりしたスタイルである。タクシー選びには半年前のバングラデシュの経験を生かした。ホールデンはアメリカ車より若干小型だが、並みのヨーロッパ車よりも大きい。ガタピシしながらも、四人でゆったり乗り込んでドライブできた。

＊

年が明けると一九八四（昭和五十九）年である。

一月末にニューデリーから帰国。すぐに三月に四度目となる米国行きの話が来た。原子力平和利用基金が募集した懸賞論文で三人の高校生が選ばれ、彼らが米国西海岸の二週間の見学旅行に行く。その引率の依頼だった。

久し振りに日本の高校生たちと話ができる機会である。彼らと一緒にサンフランシスコのフィッシャーマンズ・ワーフ（漁夫の波止場）近くに、堀江謙一さんのマーメイド号が展示されているのを見学した。船の実物は、全長わずか六メートル、横幅二メートルの小さなものである。陳列ケースに入れずにオープン展示されていて、船体に手を触れることができた。

夜間大学に学んでいた二十才の頃、体育実習の単位取得のために琵琶湖で乗った小型ヨットと、あまり変わらないサイズである。その小さいヨットを目にして、改めて「太平洋ひとりぼっち」の冒険の凄さを感じた。

次の年（一九八五年）の春には、東京から鳴門への転出を予定している時期だった。蠟燭は、消える直前に明るくなると言うが、東京を去る日が近づくと、それに合わせたように次々に海外行きの要請が増えてくるのだった。

2　再びのタイ、マレーシア、シンガポール

同じ年、一九八四年の七月、外務省から要請が届いた。

日本政府の途上国向け支援の一つに文化無償協力がある。相手国の教育文化活動を促進するための機材、たとえば映写機、舞台の照明器具、楽器や音響機器、博物館の展示品などを無償供与する事業である。援助額は数千万円程度の規模で、手続きが比較的簡単なこともあって希望する国は多い。

なかでも、このとき現地調査に出かけるタイ、マレーシア、シンガポールには、すでに何度も供与した実績がある。しかも、なお新しい要請がある。それで現地に出向いてこの事業の効果を調査し、関係者の意見や要望を聴取することになった。調査チームは私と大阪大学の水野教授、外務省の寒川《さむかわ》担当官の三人だった。

＊

調査チームはタイのバンコク中心部にある国立劇場を訪問して、供与した照明装置や楽器類の活用状況を調査した。供与した機材は極めて活発に使われていて、とても好印象を持った。多くの小中学生が幼児期から伝統舞踊のタイダンスを習っていて、劇場公演ができるレベルになるまで熱心に練習する。そのために欠かせない機材である。

それに続く調査先の一つは、バンコク市内中心部の国立科学博物館である。ここからは精密機械装置などの展示品の無償供与が要請されていた。前記したように私には、京都市青少年科学センターで展示室の設計、機材の制作、見学者への案内などを仕事にしていた経験があった。だから、毎日多数の入場者がある現場の苦労は、よく理解できる。タイの国立レベルの施設なので、十分に配慮をした支援をしたいものだと思った。

私たち日本からの三人が、この博物館で現地職員と意見交換をしているとき、タイ北部のチェンマイ大学の女性の先生二人が飛び込んできた。私たちミッションがバンコクにいることを知って、北のチェンマイから早朝の飛行機便で飛んできたという。彼女たちの用件は、タイの名門大学の一つであるチェンマイ大学に、ぜひともランゲージ・ラボ（LL）が設置できるよう支援して欲しい、と訴えるものだった。

一九八〇年代は英語教育に広くランゲージ・ラボが導入されはじめた頃である。帰国後に外務省宛に提出した報告書に、その要請を推薦する旨を書き加えることにしたのだった。

この現地調査の報告書は日本語だけで済ますことができて、早々に日常の仕事に復帰するのには好都合だった。

3　トルコ、九カラットのダイヤの指輪――一九八五年三月

年が明けると一九八五（昭和六十）年である。この年の四月から徳島の鳴門教育大学に転出することが内定していた。だが、その直前の三月、国際協力事業団から短期の専門家派遣でトルコに行くよう要請された。これが東京住まいを終える前の最後の海外ミッションになった。そして、忘れられない九カラットのダイヤの指輪の記憶が残ることになった。

＊

首都のアンカラから夜行列車でイスタンブールへ移動した。

現地派遣の目的は、事業団が計画しているプライマリー・ヘルスケア（人口家族計画事業）の事前調査である。私の仕事は、同行する専門医師とともに事業推進に必要な広報活動の機材調達を検討することだった。トルコ厚生省のトップとも表敬訪問しつつ協議をする必要があった。この時期、折衝相手のトルコ厚生省の事務次官がイスタンブールに長期滞在中だったため、私たち調査団がアンカラからイスタンブールに夜行列車で移動したのである。

昼間に仕事を終えると、夕刻に次官から夕食に招かれた。手にした招待状のドレス・コード

が「ライト・カジュアル」となっていたので、それなりの格好で指定されたホテルに向かった。暮れなずむボスポラス海峡が見渡せる豪華なレストランで次官ご夫妻が待っていた。円卓に次官ご夫妻、そして私たち日本からの三人が着席した。盛大な地中海料理とワインを味わった。食事中、私が気になって仕方がなかったのは、私の向かいに座る美しい令夫人の左手だった。彼女の薬指に見たことも無い大きなダイヤが輝いている。自分の手の薬指の爪よりも大きい。気になると、もう好奇心が止まらなくなった。「大変失礼ですが……」と断って、彼女の指のダイヤのサイズを訊いた。

令夫人はにこやかに微笑んで「九カラットです」と言う。私は丁重に不躾な質問を詫びて、「そんな大きなダイヤをしている人を見るのは、はじめてのことです」と正直な気持ちを伝えた。令夫人は背後に広がるボスポラス海峡を振り返ると、遠くを指さして「明日の日曜日にみなさんが行く予定だというあのトプカプ宮殿には、約九十カラットの有名な宝石がありますよ。私の指輪のダイヤくらいで驚かないで……」と笑ったのだった。

トプカプ宮殿にはオスマン・トルコの宝物が集められている。そのなかに「スプーンのダイヤモンド」と言われる八十六カラットのダイヤモンドがある。ある漁師が光る石を拾って宝石屋に見せて、光る石と引き換えに三本のスプーンを手にした、と言われているもので、それで「スプーンのダイヤ」なのである。

このトルコ出張から帰国後、わが家ではダイヤの指輪を買うことはない。何もつけていないほうが無難だ、と思うように家内に言い含めた。

気の毒なことに家内は、私が初渡米したときメキシコ国境のティファナで買ったメキシカン・オパールの指輪をいまだに大切にしている。ずいぶんと年を経たが、それはいまだに、たおやかな輝きを見せている。

2章 東京の忘れがたい日々

トルコ行きの数か月前の一九八四（昭和五十九）年十一月。

鳴門への転出を前に、そろそろ東京暮らしを切り上げる心づもりをする頃だった。身辺の整理をしながら雑務に取り組んでいた。そんななかで東京暮らしならではの仕事が舞い込む。そして東京の風物詩にも離れがたい思いがしたものだった。

そうした仕事の一つに、国際協力事業団（ＪＩＣＡ）から、広尾訓練所で派遣前の研修を受講している青年海外協力隊員にネパールやバングラデシュでのサバイバル術を講演して欲しい、という要請があった。会場には若い男女の百人以上の派遣隊員がいた。どの顔も元気がみなぎる表情をした大きな未来を持つ若者たちである。彼らはおおげさでなく日の丸を背負って未知の国に出かける。派遣国も協力分野も多種多様である。それらの現地事情の違いを越えて共通のポイントを話すのは難しいが、バングラデシュでの経験談は参考になるのではないだろうか。

私自身が人生の道半ばである。人に話すよりも自分に言い聞かせたいことながら、心得の一つとしてきているのは、「三つの気」である。つまり根気、元気、そして呑気を安全弁として持っていて欲しい。これを自分の息子か娘に当たる若者たちへの贈る言葉としたのだった。

この二十年後、私が定年退職してスリランカに長期の専門家として、さらに七十才前にシニア海外ボランティアとしてタイに派遣されるとき、おなじこの会場で私が研修を受ける未来があることは知る由もなかった。

1　NHK総合テレビに出演

もう一つの仕事は、宿舎近くのNHKの朝の総合テレビ番組「おはようジャーナル」への出演だった。

朝八時半からの一時間番組で、話題は小中学生の保護者が負担する教材費だという。NHKは居住していた代々木西原の宿舎から自転車ですぐである。

下打ち合わせ無しにスタジオに入り、リハーサル無しのいきなりの生出演だった。

私の相手をしたのは古屋和雄と山根基世のお二人だった。とても上手に話題を展開されて、ほとんどストレスなく対応できた。お二人は後にNHKの名アナウンサーとなられている。

一時間の生放送が終わると、すぐに目黒の研究所に出勤した。研究室に入ってホッとしているとき、机の上の電話が鳴った。

電話の声は「大隅君ですか、河村宣子です……」と言う。忘れもしない淳風小学校の三、四年生のとき、木造校舎で担任だった先生である。

この日の朝、テレビをつけていて私が出ているのを見た、テロップに私の名前と「国立教育研究所・教材教具開発室室長」とがあった、それで、すぐに電話番号を調べたと言う。小学四年生なら十才。電話で応答する私は四十四才で、三十四年が経過している。

風邪を引くとひどい喘息を起こし学校を休むことが多かった子どもが、いまでは東京にいてNHKテレビに出ていて、先生には大きな驚きだったのである。

小柄でりんごのような赤い頬、それにメガネの河村先生のことは忘れない。この電話をきっかけに、京都の向日《むこう》市に居住する先生との年賀状のやり取りができるようになった。

テレビ出演は、東京から徳島の鳴門に転出する前の置き土産の一つ。東京で京に残した忘れ物を思い出すひとときとなった。

2　西新宿の盆踊り

それより一年ほど前のことになるが……。一九八三（昭和五十八）年八月、バングラデシュでの二か月の現地調査を終えて帰国した頃のこと。

住んでいる代々木西原の高台の官舎から眺める新宿に変化があった。新宿西口に新都庁の建設用地が広がっていた。そして、私に東京を離れる話があった頃である。話を持ってきたのは、顔なじみになっていた大阪大学の水越敏行教授だった。

水越教授とはバンコクとクアラルンプールでも会っている。特に一九八一年、私が六か月滞在していたクアラルンプールに、ご子息の伸君を伴って夏休み旅行で滞在されたことがある。私が一時的に高級住宅地のダマンラサ・ハイツに住まいを移していた頃である。そのとき高校生だった伸君は、その後、東京大学の大学院に進み、後に同大学の教授に就任。二〇二二（令和四）年に関西大学の総合情報学部教授となっている。

水越教授から打診された行き先は、四国の徳島県の鳴門市。一九八一年に開学した鳴門教育大学に、新構想として大学院が新設されている。

大学院の第一部に五講座、人間形成基礎、教育経営、教育方法、生徒指導、幼児教育が開設される。私は、そのうち教育方法講座に所属する予定者の一人になる。一九八四年四月には学生の受け入れが開始され、藤井悦雄教授、吉崎静夫講師の二人で教育研究活動が始まることになっている。

翌一九八五年四月に、大阪市立大学から佐藤三郎教授と国立教育研究所から助教授の私が着任。秋に大阪大学から村川雅弘助手が着任して、本格的な講座体制になるものと想定されていた。

このうち佐藤教授はJ・S・ブルーナーの『教育の過程』を岩波書店から翻訳出版（共訳：一九六三年刊）していることが広く知られていて、その着任は注目を集めるものだった。

転出すれば、そのとき私は四十五才の春を迎える。

＊

東京の研究所での勤務は、すでに十年を超えていた。研究所の木田宏所長からも私の身の振り方について話があった。文部事務次官を退任された後、特別職の所長として赴任された木田所長には、少なからずお世話になっていた。それが、ご自身も来春には退職なさるという。所長が退任されるときが、私が身の振り方を決める潮時かもしれない。

水越教授が上京して木田所長と面談され、私を三顧の礼をもって迎えるという。それでも、東京のど真ん中から見知らぬ鳴門への転出である。東京去りがたしの気持ちも強かった。

私が京都に一時的に帰った機会をとらえ、水越教授は大阪梅田の新阪急ホテルで鳴門教育大学の学長に就任されていた大阪大学の前田嘉明名誉教授と面談する場を設けてくださった。私の他に、同教授のもとで修士を終える予定の村川雅弘さんが、助手への採用予定者として一緒になった。

こうなると、もはや転出が既定路線になる。十一年半の東京暮らしに終止符を打つことにした。

代々木西原の高台の古官舎ともお別れである。この官舎の二階に暮らして、侘しい単身赴任ながら新宿のビル群の景観を堪能してきた。とくに夜景は素晴らしい。これと別れるのは、かなりつらいことだった。

だが、まもなく四十五才になる。国内で新天地に出て行くのはチャンスかもしれない、と何度も自分に言い聞かせた。

後ろ髪を引かれる思いがする理由の一つは、官舎から見える新宿西口の広場での盆踊りの思い出である。その頃、新都庁の建設計画が進捗《しんちょく》していて、広大な広場ができていた。そこで盆踊り大会があった。

＊

夏休みのことで、家内が中学生と小学生の二人の息子と上京していた。

単身赴任の私には、日頃、家族サービスができない。せめて上京してきたときに渋谷で夕食を、と思って出かけた帰り道だった。新宿駅で降りると、遠くから盆踊りの音頭が聞こえてきた。

真夏のことで、私たちは浴衣姿である。それでみんなの足は盆踊りの音頭が聞こえるほうに向かった。大きな櫓に盛大に提灯が飾りつけてあって、踊りの輪が広がっていた。そこに息子たち二人が飛び入りした。大勢の大人や子どもたちに混じって、見よう見まねで踊りの輪に加わった。

幼い頃、狭い松原通でも盆踊りをした。櫓に提灯の明かりをつけスピーカーを用意したのは郁男兄だった。マイクを握っての素晴らしい江州音頭の声は、向かいの和漢薬店のおばあさんだったことを思い出す。

新宿での盆踊りの後、代々木西原のボロ官舎まで歩いて十五分くらいで帰った夏の夜だった。

3　東京を離れる日

一九八五（昭和六十）年二月、四十五才。

春浅い夕刻、霞が関ビル三十五階の東海大学校友会館で男性だけのスタッグ・パーティがあった。三月末で研究所を退任する木田宏所長、そして鳴門教育大学に転出する私が招かれた。

私の胸中には、東京に後ろ髪引かれる思いもあった。しかし、四十五才になる人生の中間点である。十一年半の勤務だったことに満足しなくてはならない。

「立つ鳥、後を濁さず」という。私の転出に伴う後任は気になったが、所内に選考委員会ができて人選を進める。転出する者は一切介入しないのが暗黙のルールである。ただ全国の大学などへの公募案内の発送などの事務手続きは、大車輪で手伝った。私の何人かの東京での知人たちが、是非とも応募したいと研究室まで訪ねてきた。そんななかで粛々と進んだ人選で、広島大学の猿田《さるた》祐嗣《ゆうじ》が内定した。限られた時間だったが、彼には急いで仕事上の申し送りをしたのは言うまでもない。

次は東京から鳴門への引っ越しである。

中学生の頃のミカン箱の本立てに収まった本は、ダンボール箱で三十個を超える量になっていた。ボストンバッグ一つで上京したが、鳴門への家財の運搬には引っ越し業者を呼ぶ必要があった。

赴任する大学院では全国から来る現職教師の教育を担当する。海外の十か国ほどで教育協力に取り組んできたことは自信になっている。日本国内の先生たちが広い視野で教育を実践するのに役立つようにしたい。京都には、家内と子ども二人を残している。東京に出るとき三才だった子どもは中学生である。下に小学四年生がいる。この二人の子どものことも気になる。

東京までの距離にくらべると、京都と鳴門の間は約三分の一の距離、百六十キロである。鳴門と淡路島の間では大鳴門橋《おおなるときょう》の工事が進んでいる。数年後には明石海峡大橋も着工して、淡路島と神戸が結ばれる。そうなれば車で二時間半くらい。土日に車で行き来することもできる。

大学のキャンパスは、渦潮で有名な鳴門でも穏やかなウチノ海《うみ》のそばにある。宿舎は市内の国鉄鳴門駅近くで、通勤には市バスがある。東京暮らしでは車が無くても不自由しなかった。ここでは買い物などのことを考えると車は不可欠である。

見知らぬ鳴門の町を移動するにも、月に何度か京都に行き来するにも車が必要になる。それで思い切って、燃費が良いと思われるダイハツの1リッター・カーの「シャレード」を購入した。春休みだった中学生の長男を乗せて颯爽と鳴門に乗り込んだ。

三十三才の秋、同時期に教育研究所に着任した村田翼夫は既に筑波大学に、加藤幸次は後に上智大学に転出している。大学の教師の仕事は、私には新しい挑戦である。古巣の教育研究所には名残が尽きない。平塚益徳と木田宏の二人の所長、そして大橋秀雄センター長と、上司に恵まれた日々だった。転出後も教育研究所は、一年間の客員研究員のポストを用意してくれた。

後日譚、書き残したこと

東京から四国の鳴門に移った。

ここは、空の色も風の匂いも東京とは違った。あのイスタンブールの青いマルマラ海を彷彿とさせる、ひろやかな国立公園がある別天地だった。

本書は私の幼児期から、このときまでを書くことが目的だったが、どうしても後日譚として記しておきたいことがある。そのうち最初に触れたいのは、中学時代の学級対抗駅伝のこと。そして、ラジオ英会話のカムカム英語のことである。

1 五十五年振り、中学校の同期会

二〇一〇（平成二十二）年、私の七十才の秋十一月……。

このとき一九五五(昭和三十)年三月に卒業した郁文中学校同期会が、京都センチュリー・ホテルで開かれた。この同期会に出席したことが本書を書きたい、書かねばならないと思った強い契機の一つになった。

なぜなら出席した同期生たちが、私が忘れ得ぬ京の町を駆けた学級対抗駅伝を記憶していなかったからだ。これは大きなショックだった。私には、あの駅伝を繰り返し思い出しながら、なんとか今日まで生きてきた、とさえ思えるのである。

*

五十五年振りに旧友に会う機会だった。

立たされ坊主だった私はドキドキしながら出かけた。みなさん高齢者になっている。白髪に皺が目立つ。髪が薄く、頬にシミがある。私もその一人である。それでも面影が残る人がいる。また、まったく憶えのない顔も多い。

中学二年の体育祭の仮装行列は、「日本昔話」だったが、花咲か爺さん役に仕立てたような顔が並んでいた。もはや赤い頬に炭を塗り、皺を描く必要はない。

八学級四百名の卒業生のうち八十名、二割の参加者である。八人の学級担任の先生で出席されたのは、今井守彦先生一人だけだった。この先生は、私たちが習った頃は美術担当で、もともと日本画を専門とする画家である。日展にも特選を続け、その後は京都市立美術大学(現・

京都市立芸術大学）に移って活躍されている。

私が「おっちょこちょい」を発揮したために親戚となったチャップリンの中嶋一男先生は、修学院の自宅療養中だったため、幹事役の小山禎一と西岡（旧姓、岡田）幸子がご自宅に行って録画したビデオによる挨拶だった。そのビデオ映像で、私が高校二年のとき、祇園石段下の八百文二階のフルーツパーラーでキューピッド役をしたことを話されたので、出席のみんなが「ほぉー」と感嘆の声をあげた。

世話人代表は久保川信之、司会は広田信夫（一年六組で同級）と西岡幸子（三年八組で同級）の二人。乾杯の音頭は、生徒会長だった松本喜男、幹事代表挨拶が大野嘉宏（一年六組で同級）。閉会の辞は浅野晃一郎、のちに会計報告や写真を送ってくれたのは実家の近く、猪熊通の高辻下るにいた乾千鶴恵（旧姓、大西）だった。

この同期会の当時、例年なら「紅葉の頃に出かけ、桜の頃に帰国する」を心がけて海外滞在を続けている頃である。ただ、この年は少し出遅れて、同期会の十一月末頃にも国内にいた。私が出席したのは、あの中学一年のときの学級対抗駅伝のことを憶えている人がいるはずだと思って、詳しく聴きたかったからだった。

会食の間、何人かをつかまえて駅伝のことを訊いてみた。驚いたのは、なんと誰も憶えていない。駅伝があったことさえ知らないという。「駅伝があったでしょう、憶えていますか?」と言うと、みんな怪訝《けげん》な顔をする。いったい、これはなんということか。

四条大宮近くの学校を出発して京都の西南郊のコースをめぐって、最後は東寺から学校までの十三区間だった。ランナー一人に自転車が一台伴走した。だからこの同期会の参加者も半数は参加したのである。私は四区の妙心寺から広沢池までを走った。その苦しかったことは、いつまでも忘れない。

＊

半世紀を越えて、懐かしい顔に出会えたことは嬉しかった。だが目の前の料理を食べ、ワインやビールを飲むだけの会場は、なんだかお通夜のようにも思える雰囲気がしていた。せっかく同期会に来たのに、という憤懣が生じてきた。

それで、私は司会からマイクを取ると「幼なじみの想い出は　青いレモンの味がする～～」と歌いはじめて、中学時代の「おっちょこちょい」ぶりを発揮した。これには、みんなが立ち上がり、盛んな手拍子で最後まで唱和して賑やかな席になった。それに刺激されたように、カラオケで練習しているのど自慢をする人も続いた。

しかし、いまではぼんやりとしか思い出せない駅伝コースを確かなものにしたかったことは、とてもかなえられそうにもなかった。

＊

それでも私は諦めなかった。

翌年も翌々年も同期会があって、それに出かけた。しかし、かすかに憶えている人がいるだけ。しかも突拍子もないコースを言う。私は同期生の人たちに確かめるのは諦めて、自分で愛車のクルーガーで思い出すコースを走ってみた。

記憶を頼りに、大宮通四条近くの学校から西院、白梅町、妙心寺、広沢池、清凉寺（嵯峨釈迦堂）、渡月橋、松尾神社と走ってみた。このコースをたどっても、半世紀後なのに大した変化はなかった。どの区間も二から三キロメートルくらい。十三区間のうち二区間を女子にするという駅伝を計画した先生たちの配慮もなるほどと思った。

二〇一九（令和元）年、九月に九回目になる同期会が大丸近くの松井本館で開かれた。卒業生の約一割、四十八名の出席だった。私には四回目の機会である。やはり駅伝のことは尋ねてみた。その一人が、メールで近況を知らせ合っている友人の小坂（旧姓、山中）淳子さんが憶えている、と言う。結婚して大津市に住まいがあるという住所を教えてもらった。彼女なら、私が淳風小学校六年は組で同級だった。

後日、手紙で問い合わせをしてみた。彼女は確かに駅伝ランナーだったことを思い出すと言う。ただ嵐山の渡月橋が、とっても遠かったこと、そして苦しかった記憶がある。それに自転車の伴走が、小学校の六年は組で同級の、のちに歯科開業医になる本多隆彦で、彼が「ガンバレ！　ガンバレ！」と、懸命に声をかけたことは思い出すと言う。彼女は小学校時代から走るとカモシカのように速い足だった。

もう一人、駅伝で走ったことを思い出してくれた同級生がいる。これも小学校で一緒だった丸山和子（旧姓、沢井）さんである。彼女は和歌山県の熊野古道で知られる中辺路《なかへじ》に長く暮らしていたが、近年は大阪枚方市に居住している。本書のゲラ刷りの初校を点検しているとき、その彼女と電話で話す機会があった。彼女は釈迦堂から渡月橋まで走った確かな記憶があると言う。

私は、妙心寺から広沢池の次の区間は、広沢池から渡月橋と思っていた。ところが彼女は、強固に自分が走ったのは釈迦堂から渡月橋だと言う。この釈迦堂とは嵯峨釈迦堂のことで、清涼寺の名前でも知られる。そうならば、この区間は約一・五キロで、たしかに女子が走る区間にふさわしい。前記の山中淳子さんも渡月橋まで走ったと言う。その記憶に一致する。

このような事態から、私の記憶もかなり怪しいものかもしれない。本書を目にされる卒業生の方などがあれば、間違いをご指摘いただきたい。それにしても、どうやら京を離れた人のほうが、京の記憶は長く続くように思えてくる。

＊

同期会に出ても、古い想い出を話せる人がいない。それで、もう今回限りにしようと思ったが、そこには忘れ得ぬ級友がいた。中学三年間で同じクラスになることはなかったが、色白で四角い顔の藤原征史である。

　少年の頃のノーブルな面影が残っていて、すぐ彼だとわかった。声をかけると、彼も私を思い出してくれた。それもそのはず私たち二人は、銭湯の夜遅い残り湯でたびたび一緒になることがあった。

　彼は堀川高校の定時制を終えて、国立二期校の京都工芸繊維大学の夜間課程に学んでいた。私と同じように昼間は職場がある。それを終えて左京区松ヶ崎のキャンパスで授業を受ける。帰宅は夜遅くになる。松原通の寿湯は夜十時頃に閉まってしまうので、週に一、二度出かけるのは十一時頃に仕舞湯《しまいゆ》になる五香湯《ごこうゆ》だった。同じ郁文中学校の卒業なので、互いに名乗って、風呂場を洗いにくる従業員に追われるなかで、互いの状況を話したのだった。

　それから五十年、彼は立派に勤めあげ、いまは退職後の平穏な日々を過ごしているという。互いに、あの日々があって今日があることを喜んだのだった。その五香湯は、松原通のわが家から三百メートルくらい。五条通から北に黒門通を入った所である。いまも「温泉を楽しめる昔ながらの銭湯」として近隣の人たちだけではなく、広く観光客も訪れる京の名所の一つになっている。

2　「カムカム英語」の後日譚

学級対抗駅伝は中学一年のときだった。はじめて英語の教科書を手にしたのも中学一年で、“This is a pen.”で始まる『ジャック・アンド・ベティ』である。家の店にある真空管ラジオで、小学生の頃から夕刻にはカムカム英語の英会話を聞いていた。

一年生の英語の先生は若い桃井昌子先生だった。元気潑剌《はつらつ》とした先生が、最初の時間に「誰かアルファベットを唱えられますか？」と言ったとき、私は一番に手をあげた。いきなりだったが、みんなの前でAからZまで唱えることができた。ラジオのカムカム英語を耳にしていたから楽なものだった。

それから英語の時間だけは張り切って授業を受けた。国語や数学のように小学校の成績の善し悪しは、はじめて習う英語では関係ないので気が楽だった。

ところが二年生で中年の男の先生が担当になった。この先生は、やたらに女の子ばかりを贔《ひい》屓《き》するので毎時間のように腹立たしい思いがして、とうとう英語嫌いになってしまった。それ以来、英語はまったく面白くなくなって、苦手科目が増えたのだった。

＊

それでいて二十代後半の頃には米国に留学したいなどとさえ思うようになった。京都の市内にアメリカ文化センターがあって、米国の大学のカタログを眺めることが多かった。だが、結婚して子どもができて、もはや見果てぬ夢になっていた。それが三十一才のときの初渡米で短い日程ながら一人旅を経験した。翌年には、アメリカは初めての三人の高校の先生を引率して一か月の渡米をする破目になった。

その後は、既に記したように予期しない事態になって、頻繁に海外に出る機会が増える半生である。

英語嫌いになった中学生は、六十になる頃に大学教師で定年を迎えようとしていた。

二〇〇一（平成十三）年八月、米国西海岸シアトルに近いタコマ市で会議があって出席することになった。イチロー選手がマリナーズに移籍した最初の年。出かけたのは、タコマ市にあるピージェット・サウンド大学である。

自宅近くの関西空港からシアトル行き直行便に搭乗して、その長時間の機内で読んでいたのはジョン・ダワー著、三浦陽一他訳『敗北を抱きしめて』（岩波書店、二〇〇一年刊）だった。この翻訳書の上巻「第五章　言葉の架け橋」には、私が小学校一年になる一九四六年の二月一日に放送開始になった平川唯一講師の「カムカム英語」が、かなり詳しく記述されている。これを読んでいたことが偶然ながらラッキー・ハプニングになった。

＊

国際会議などの楽しみは、息抜きのアトラクションとパーティである。この年、イチロー選手は、一年目ながら大活躍をしていた。会議のあとのアトラクションで本拠地のセーフコ・

フィールド（現・T-モバイルパーク）で観戦することができた。

夜の歓迎レセプションは、地元の海域で採れる新鮮で豊富な魚介類がアルコール類とともにふんだんに用意されていた。ビュッフェ・スタイルのパーティだった。大学側で世話をしてくれる人たちのなかに、日本人と思える小柄で上品な中年女性がいた。彼女なら日本語が通じると思って話しかけてみた。

私がいまだに英語を苦手にしていること、小学生の頃にはNHKラジオの英語会話を聴いていたことを話した。

すると間髪を入れず、彼女は「その番組の平川唯一は、私の父ですよ！」と言ったのだった。メリー・大野と名乗った彼女は、ジョン・ダワーの本は知らないという。翌日、タコマ市内の本屋で原著“EMBRACING DEFEAT”を手に入れ、その原著と日本語版をメリー・大野女史に贈った。

*

帰国した後、あらためて平川唯一著『みんなのカムカム英語』（毎日新聞社、一九八一年刊）は入手したかった。東京の教育研究所時代からの知人で、メールでの交流が復活していた東京住まいの豊田明代さんにも報せておいた。彼女が手を尽くしてくれて同書が届いた。

この本の刊行に努力されたという福田昇八氏（熊本大学名誉教授）は、巻末の解説文で「N

HK英語会話は、不思議な魅力を備えた番組であった」と書いておられる。そして、その文章を目にしているとき、NHKニュースで新しい朝ドラが「カムカムエヴリバディ」に決まったという報道が流れたのだった。

原作と脚本が藤本有紀《ゆき》による連続テレビ小説「カムカムエヴリバディ」は、NHKで二〇二一（令和三）年十一月から翌年四月まで放送された。

3　タイ人トンチャイ、その後

仕事は、人、モノ、財源の三つが決め手。最も大切なのは人で、人の善し悪しがモノと財源を左右する。私が八十を越えても仕事に取り組んできているのは、やはり人との出会いである。多くの人々のなかで、外国人を一人だけに限るなら、タイ人のトンチャイになる。それで彼との最近までのことは落とせない。

＊

一九八三（昭和五十八）年の一月、タイ人のトンチャイが他の三人とともに寒い東京に初来日したことはすでに述べたが、その後も長く付き合うことになった。

彼が帰国した直後、彼が勤務するバンコクのIPSTで一か月のワークショップを指導。同じ年にニューデリー、そして一九九五年にカンボジアのプノンペンに一か月、いずれもユネスコの派遣で彼とともに現地の協力活動に取り組んだ。その後、彼はＩＰＳＴの所長になった。

ＩＰＳＴは私が何度も出入りしたユネスコ事務所とは歩いて数分の所だから、彼とは頻繁に会う機会があった。やがて、彼はタイの最初のスーパー・サイエンス・ハイスクール（ＳＳＨ）のモデル校の初代校長に転出した。このＳＳＨは、バンコク中心部から西に約二十キロのサラヤにある。渋滞が無ければ一時間の距離にあるタイを代表する医学の名門、国立マヒドン大学に付置されている。

日本にもＳＳＨの高校はある。それは学校が計画書を申請して、文科省が採択すると数年間のプロジェクト方式で取り組まれる。これは期限が来れば、毎回申請しなおして結果を待つ不安定なものである。しかし、タイに限らずアジア諸国のＳＳＨは、国の支援策は長期的に安定していて、運営と財政規模は格段に目を見張るものになっている。

私と家内は校長だったトンチャイに請われて、マヒドンＳＳＨ校を訪問する機会があった。トンチャイ校長から日本文化の書道の一端だけでも生徒たちに経験させたいという事前連絡があった。家内は書道教師になっていたので、現地で高校生たちを相手にタイ文字を筆書きする実習に取り組んだ。

その後の二〇一四（平成二十六）年十月。

私は七十代になっていて日本の秋から冬は、例年タイのアユタヤの大学ＡＲＵで過ごしていた。バンコクにいるトンチャイからコンタクトがあって、タイの大手石油会社のPTT本社ビルで久し振りに会った。彼は翌年八月に開校する画期的なサイエンス・ハイスクールの準備室代表だった。

学校はバンコクから南東に約百五十キロ、高速道路をぶっ飛ばして二時間、ラヨンの広大なゴムのプランテーション地帯を開発して建設が急ピッチだった。学校名はKVIS《ケビス》サイエンス・アカデミー。この学校はタイだけではない、日本を含むアジア随一の科学技術の最先端高校を目指すものである。トンチャイは、その初代校長に就任することになっていた。

二〇一五年八月、王室のシリントーン王女が臨席して公式開校式典があって、私たち夫婦が招かれた。続いて七十五才の私は同アカデミーの第一期の高校一年生、男女の新入生たちを教える講師を半年間勤めることを依頼された。この話題は新聞社の知るところとなって、日本を出発する直前、泉州の自宅に毎日新聞大阪本社から高村洋一記者の訪問があった。取材記事は、二〇一五（平成二十七）年十月十五日の同紙朝刊の全国版コラム「ひと」に見出しは「タイのエリート高校の教壇へ」と、私の名前と写真入りで掲載された。

マスコミの威力は凄い。遠く仙台にいる二度目のクアラルンプール滞在で親しくなっていた東北文化学園大学で教授だった香野俊一さんなどが、すぐにメールしてきた。

郁文中学校の三年生で同級だった西岡（旧姓、岡田）幸子さんは、京の綾小路通の西洞院西入る、芦刈山《あしかりやま》町の鉾町に住んでいる。その息子さんが写真加工業の株式会社「朋成」を営んでいて、新聞記事に出た私のモノクロ写真は、同社のホームページでなんとカラーになって彼女の応援メッセージとともにアップされるなどの波紋が広がって、得難い経験になっている。

4　松原通のこと、衣通姫のこと

後日譚としてもう一つ、実家の松原通に残した忘れ物を思い出そうとするなかで、偶然にも居住している泉州の住居の近くで発見した意外なミラクルを記しておきたい。

本書の原稿を書きながら、生まれ育った松原通の名前の由来は気になっていた。その矢先、書店の店頭で柏井壽著『京都の通りを歩いて愉しむ』（前出）を見つけた。この本は七十九才で手にしたものである。同書二百十四〜二百十五ページ、「松原通」の章に次のような記述がある。

> ふと気になったのは松原通という名の由来です。これまで歩いてきて、松原らしきものはまったく見当たりませんでしたが、過去にはあったのでしょうか。（中略）その答えは烏丸通を越えてすぐ、左手南側に立つ石の鳥居にありました。『新玉津《にいたまつ》島《しま》神社』です。（中略）歌人として名高い藤原俊成が、紀州和歌山の『玉津島神社』に祀られている衣通郎姫《そとおしのいらつめ》を自邸のなかに勧請《かんじょう》（編集部注：分身を移して祭ること）したのが始まりとされている神社です。（中略）

俊成の邸宅にはみごとな松並木があったそうで、それが松原通の由来になったと伝わっています。

＊

さっそく京の実家に行く機会に新玉津島神社を訪れた。実家からは松原通を東に歩いて堀川通を過ぎ、西洞院通を越えると、まもなく烏丸通に出る。その手前の右手に石の鳥居があった。

これが衣通郎姫を勧請して造られた新玉津島神社。歩いて十五分もかからない。幼い頃、母におんぶされて通り、友だちと清水寺まで歩いて行き来したりしたとき、何度となくこの前を通っていたのである。

いまはビルとビルに挟まれて、石の鳥居が見えるだけである。狭い鳥居の前に京都市の立て札と「新玉津嶋神社」の石碑がある。

立て札には「この神社は、歌人として名高かった藤原俊成が紀州和歌山の『玉津島神社』に祀られている衣通郎姫を自邸のなかに勧請したのがはじまりとされる神社です」とある。現在の松原通が以前の五条大路であることも明記されている。

次は、和歌山市にあるという玉津島神社に行った。いま居住している泉佐野市上之郷のわが家から車で一時間。距離は、ほぼ京都の実家に行くのと同じである。こちらは京の町中の新玉津島神社とはまったく違う景色である。

海の景色が明媚《めいび》な和歌山港に接している。片男波《かたおなみ》の名勝が近い。ずっと昔に万葉の詩歌が詠まれたのもわかるような気がしてくる所である。

境内の一画に「衣通姫《そとおりひめ》」という名札の付いた桜の木があった。

＊

そして何という奇遇だろう。

私が定年後に住居を置いたのは、何度も記すように大阪も和歌山に近い泉佐野市である。関西国際空港は近いが、農家が点在して玉ねぎ畑が広がる所である。

昔からある集落のなかの細道を散策していて偶然に見つけたのが、何と衣通郎姫の石塚で、ここが茅渟宮《ちぬのみや》跡だという立て札がある。

数年前まで人目にもつかず、ほとんど放置された状態だった。最近になって泉佐野市が、ふるさと復興の時流でこぢんまりとした建屋を作り、衣通姫の墓所として「衣通姫ガイダンスセンター」の看板を掲げている。

5　小坂青雲堂で買った『日本詩歌集』

私の住まいは衣通郎姫との由緒がある場所だとわかった。

さっそく衣通郎姫のことを調べなくてはならない。しかし、恐ろしいほど昔のことである。インターネットだけではなく、わが私設図書館「りんくう青空文庫」（後述）に所蔵している本をチェックしてみた。

そのなかに平凡社が刊行した『日本詩歌集』があった。これは私が高校を卒業して一年後、自分の給料で買ったもの。年を経ているため紙は焼け、綴じも傷んでいる。奥付には「昭和三十四年の刊行」とある。それが、はがきサイズで八百ページを超える部厚なもの。定価二百六十円。『世界名作全集』の別巻で山本健吉編である。

注意をしてページを繰ると、目次は上代、飛鳥時代、奈良時代、平安時代、鎌倉・室町時代、江戸時代、近代と区分されている。近代だけでも百三十八人の詩人の作品がある。

冒頭の上代には「神々の歌」「神武天皇」と並んでいて、十二人目に「衣通郎姫」が出てくる。収録されている歌の一つに次の歌がある（二十七ページ）。

我が夫子《せこ》が　来べき宵《よひ》なり。ささがねの蜘蛛の行《おこな》ひ今宵著《しる》しも　（日本書紀）

（今夜はあの人がきっと来てくれる。笹の根元で蜘蛛が巣を張っているから、そうとわかる、というほどの意味）

私が十九才のときに買った一冊の古い分厚い小型本が、古事記と日本書紀の神代の歌への興味をかき立てる。

そして、松原通のこの本を買った本屋さんが「小坂青雲堂」という看板を掲げていたことを思い出させる。

私の終《つい》の住まいは、衣通郎姫が移り住んでお墓がある茅渟宮には歩いて十分で行ける所である。京の松原通の実家に行っても、また、紀泉山脈の見える自宅に戻っても、ざっと千五百年前の衣通郎姫の由緒の風に吹かれる日々である。

備忘録

道を拓き、歩み続けるための発想と決断

――スリランカの黒板ＫＯＫＵＢＡＮプロジェクトから

教育協力の専門家の道は、本書を書いて終わりではない。むしろ始まりである。私は東京から鳴門に移り、京都で定年退職を迎えたが、その後も海外での協力活動は続いた。その私にとって、道を拓き続けていくための確信を得たのは六十三才から滞在したスリランカの三年間だった。当時、現地は政府軍とタミル・イーラム解放の虎（ＬＴＴＥ）が二十年にも及ぶ深刻な紛争を続け、それが一時停戦状態になっている時期だった。

このときのスリランカに限らず、日本人として現地に出かけたら、目にする厳しい状況の教室に、何か速効性のある具体的な解決策を見つけたい。困難に直面している先生と子どもたちに笑顔と学ぶ喜びを与えたい。そう願うのが教育協力の専門家の資質である。その先駆的な事例の一つと自負するのは、スリランカの多数の地雷がある紛争地帯で取り組んだ黒板ＫＯＫＵ

BANプロジェクトだった。

＊

本書は、教育協力の専門家向けのテキストではなく、副題の通り思わぬ巡り合わせから、国際的な科学教育協力の専門家の道を進んだ「いたずらっ子」の半生記である。それでも、書いておきたいことがある。

私は、近年多くの大学が開設している国際関係学部などで学んだ経験はない。成り行きまかせで、一つひとつの現場で学びながら、そのたびに新しい発見と試みをしながら歩んできた。無手勝流でも、悩むことよりも楽しむことが多かった。

そのなかでも長く秘かに苦悩し、いまだに多くの支援や賛同を得られない課題がある。それが現地に良質の黒板を提供することである。二十一世紀は四半世紀が経過する。黒板などと言うと時代錯誤と思われてしまう。この傾向は、教育現場を経験していない政策担当部門の人たちに特に強い。だから現地の教育協力の方策を決めるとき、良質の黒板が必要だと提案しても一笑に付されてしまう。まともに相手にされないことは、なんども経験してきている。

これまでの例外は、後で述べるように私が二〇〇三（平成十五）年から三年滞在したスリランカで、日本大使館の全権大使だった須田明夫氏である。もう一人は二〇〇七年から二年滞在したタイの王室、シリントーン王女だった。

その後、シリントーン王女は、日本の黒板シートを使ってバンコクで組み立てた黒板を北部の国境地帯の僻地校の三百教室に供給した私の取り組みを応援してくださり、教育省に六千枚の要請をされたが、省内の上層部の賛同を得られず、いまだに頓挫しているという逸話がある。

＊

もちろん日本の多くの学校の教室でプロジェクターで教材を提示し、子どもたちがタブレットを手にしている実情は、四人の孫たちが学ぶ小中学校の様子から知っている。先生は黒板にチョークで板書するよりも電子機器の操作を求められる。子どもたちもノートを取ることは少なくなっている。日本に限らず多くの国で、特に都会と近郊の学校は、それが当たり前になっている。私自身も、セミナーやワークショップでノートパソコンとプロジェクターが欠かせない。それでも、円滑な講演や講義をするには、あわせてホワイト・ボードも不可欠である。

タブレットを使うことが、これからの子どもたちの基礎学力のために効果的なら望ましいことである。しかし、これには中長期的な基礎研究も欠かせないのではないだろうか。

新しいモノに目が向くが、ありふれたものは見過ごされる。たとえば黒板、と言えば、あまりにもありふれたモノで誰も見直すことがない。

昭和以降の生まれの人たちは、もともと木製だった教室の黒板が、いつの間にかスチールに変わったことは知らない。その目に見えない効果が、学校教育のレベル向上に役立ってきたことを意識する人は滅多にいない。教室に良質の黒板があるのは、まるで空気のようなもので。当たり前のこと。先生たちでも特別な注意をすることがない。

表面が上質のスチール製になって長く気持ちよく使え、磁石を使ってディスプレイも手軽にできる。これも意識されることはないが、先生たちの労力を軽減するのに見えざる大きな役割を果たしてきている。いまはホワイト・ボード（これもスチール製が多い）が主流になり、子どもたちはタブレットを使う時代に入ったのである。チョークで手書きすることは嫌われて、もっぱらプロジェクター投影される。それが新時代の教育だと思い込まれている。

しかし、それでも依然としてスチール製の黒板が基礎的な教育の土台になっている。アジアやアフリカで教育協力する人たちは増えているが、そのほとんどの人たちと関係者が見落としていることである。

＊

私は六十三才で勤務していた大学で定年を迎えたが、その一年前に十八から働き続けた自分へのご褒美に大型の新車を買った。トヨタのクルーガー3リッター・カーである。元気でいるうちに一度は大型車に乗りたかった。研究室に多量の図書と資料があった。それを退職する前に自宅に運びたかった。毎週末を使って一年がかりで運搬した。そんな矢先、定年後のスリランカ行きの話があった。その話を受けて、愛車を船便でコロンボに運んだ。それまで海外に滞在してきて、赴任先で動き回るには自分の車が欠かせないことはわかっていた。そして、その愛車が現地で黒板を供給するプロジェクトを実施するのに欠かせないものになった。スリランカは、日本と同じ右ハンドル、左側走行で都合よかった。

国際協力事業団ＪＩＣＡが派遣する専門家で任期二年、スリランカ国立教育研究所（ＮＩＥ）に赴任した。広い敷地に何棟もあるＮＩＥの建物は、ＪＩＣＡが無償援助したもので、私は所長顧問で特別な予算を持たないアドバイザーとして赴任したから、黙って座っていてもよい立場だった。

赴任当時は、北東部を支配するタミル系の「タミル・イーラム解放の虎（ＬＴＴＥ）」と政府軍が二十年もの深刻な内戦を続け、和平交渉が繰り返される時期だった。ＪＩＣＡだけではなく、ドイツ政府の援助機関ＧＴＺやカナダ政府機関ＣＩＤＡなども活発な教育分野の支援を展開していた。海外で働くとき、他の国から派遣されている専門家とは、表面的には食事なども一緒になることがあって親しく交流し、重要情報のほかは自分の取り組みも話す。しかし、心の底には強烈な競争心がある。彼らの取り組みを近くで見ていて、日本の専門家としても何か具体的な協力活動が必要だと強く思っていた。

北部のジャフナ、キリノッチの紛争地は、当時は数十万個の地雷の埋設地帯で、専門家は現地事務所の許可と複雑な手続きをしなくては立ち入りができなかった。それでも根気よく申請して許可を取り付け、びくびくしながらわが愛車で何度か現地滞在を敢行した。

ニッパヤシの屋根は破れ、小屋掛け然とした教室がある。給水もトイレも、もちろん電気も無い。砂地のむき出しの土間に置いたガタピシの机と椅子である。あるいは筵に座っての授業である。強烈な暑さのなかで、容赦なく砂ぼこりが入る。オンボロの板切れで、使えそうにない小黒板を立てかけて、複式学級で学んでいる（写真18と19）。

そんな所に複数の海外援助機関はパソコンを送りつけてきて、それが梱包されたまま山積みになっている。取り出しても、置く所も電源も無い。現地事情を知らない援助機関の善意による供与である。私は、その現状を見ていて、ネパールに黒板塗料を持って行ったことを思い出した。そして二年も滞在するのだから、日本の学校で使っている良質のスチール黒板を何とか配布できないかと思った。

＊

そこで私一人でマネジメントする小規模プロジェクトを立案して、赴任先NIEとJICA現地事務所の了承を経て、少額の予算が確保できた。日本から良質の黒板用のスチール・シートだけを送ってもらう。大きさは畳一畳分。それなら現地で組み立ててもクルーガーに平積みして乗せることができる。

一教室に一台で足りなければ、二台を設置する。組み立て作業は、現地コロンボで見つけた協力してくれる木工工場で組み立てる。制作図面は私が手書きした。使う材料は横百八十セン

写真 18　スリランカの学校 1
スリランカ北東部キリノッチの学校の一つ（2004 年撮影）。

写真 19　スリランカの学校 2
写真 18 の学校の内部、机と椅子は無い。子どもたちは土間に座っている。立っている男性は筆者の車の運転手（2004 年撮影）。

写真 20　スチール黒板づくり 1
スチール黒板のベースにするベニヤ板。右下に完成した黒板の一部が見える。スリランカのコロンボの木工工場で（2005 年撮影）。

写真 21　スチール黒板づくり 2
スチール黒板の木製スタンド部分。右端に塗装済みスタンドが見える。コロンボの木工工場で（2005 年撮影）。

チ、縦九十センチサイズ、定尺物の厚手のベニヤ板で、それに日本から届くスチール・シートを張り付ける。周囲に木の枠を付けるとどこにでも持ち運びできる。これに木製のスタンドを用意した。これなら二人なら楽に持ち運びできる。天気のよい日に木陰で屋外学習するときにも使える（写真20と21）。

実施するに当たって私の報せで、親しくしてきた青井黒板製作所㈱社長の青井諄治、美智子ご夫妻がコロンボを訪問され、現地の事情を視察されて黒板製造の立場から助言してくださった。それが役立った。スリランカの後は、タイでも黒板の制作と供給に取り組むのだが、それにはご子息の青井哲也さんに現地調査してもらった。

写真22　黒板の使い方の説明 I
現地で試作したスチール黒板２台を置いて指導者レベルの先生たちに説明をしているところ。立っているのは筆者。コロンボのスリランカ国立教育研究所 NIE で（2004 年）。

黒板専用のスチール・シートを日本から送ってもらい、コロンボの木工工場で組み立てる。これなら低額の予算で実施できる。この小規模な黒板供給が実現すれば、日本の学校で先生と子どもたちが毎日使っている同じスチールの黒板が、紛争地帯の教室で直ちに使える。

もちろん紛争地の学校に提供する前に、派遣元のＪＩＣＡ事務所、私の受け入れ先のコロンボのスリランカ国立教育研究所の所長以下、主要な関係者には、計画書だけではなく実物サンプルを見せて、了承を取り付ける配慮は忘れなかった。そして赴任先の研究所に指導主事クラスの先生たちを招いて事前に試作した黒板を用いて、その使い方を説明した。これなら毎時間、毎日使っても、特別なメンテナンス無しに十年以上は使える。日本の学校の教室で実証済みである。それに理科実験に使う大型の豆電球、乾電池模型にマグネット・

写真23　黒板の使い方の説明２
ワークショップに招待した先生たちが試作したスチール黒板を使っている。コロンボのスリランカ国立教育研究所 NIE で（2004年）。

シートを張り付ければ、効果的に演示実験ができる。子どもたちの参加型の学習も楽にできる（写真22と23）。

いま、ここに使った六枚の写真を見ると、幼い頃に松原通の実家で、みかん箱の杉板を使って、いろいろ工作をしていたことを思い出す。その頃と同じようなことをしているのかもしれないと思えてくる。

＊

現地日本大使館の須田明夫全権大使が、この計画に特別な理解をしてくださったことがさいわいだった。黒板ＫＯＫＵＢＡＮプロジェクトの進行を見てくださった須田大使の強い意向で、私は二年の任期を一年延長することになった。紛争地帯の二百五十学級に配布するスチール黒板の贈呈式には、須田大使が他の公務をキャンセルしてまでして出席してくださった。

現地の取り組みは東京のＪＩＣＡ本部でも知られるようになって、新設された人間開発部の初代部長に就任した萱島《かやしま》信子さんがコロンボに来訪し、視察されたことがあった。大使からは、さらにもう一年の任期の延長を要請されたが、一つの協力モデルの事例を残すことができたことと、別に取り組みたい仕事もあって丁寧にお断りするしかなかった。日本政府が何度も明石康氏を代表としてスリランカへ派遣していた頃のことである。

いったん帰国した後、六十七才から二年間、タイのバンコクのIPSTにシニア海外ボランティアで赴任した。このときはバンコクから遠く離れたタイ北部のミャンマー国境近くに点在する僻地の学校向けに約三百学級分を供給する活動をした。現地で組み立てた黒板の運搬には、IPSTが手配してくれる車が大車輪の活躍をした。この小規模プロジェクトは、JICAとあわせてタイ王室シリントーン王女の特別援助を取り付けた活動になった。

これらは一人で派遣される個別専門家としてできる精一杯の取り組みだった。困難を抱える現地の学校に日本人が訪問すると、直ちに現地の先生たちの苦労が解決されるミラクルがあると思い込まれている。トヨタの車やパナソニックの電化製品を作り出している国の教育の専門家だから、そう期待されて当然である。それに即興的に応える取り組みこそ望まれるのである。

本書を手にしてくださる方々に、二〇〇三年から二〇〇六年頃の、このささやかな取り組みを紹介できることは嬉しい限りである。これから後も、どの国でも先生が教える喜びを、子どもたちが学ぶ楽しみを経験するには、その現場に何が必要で、それをいかに実現するかの"What and How"を見つめ、柔軟な発想と決断で取り組まねばならない。

あとがき

本書は、ここまで主に京の町に育った幼児の頃から、四十五才で東京を離れ鳴門に転出するまでのことを記してきた。紆余曲折があった年月である。

もともと「おっちょこちょい」だった。そんな子どもが、いたずら心を発揮して好きなことに取り組み続けてきた。そうして、知らず知らずのうちに国際的な教育協力の専門家への道をたどるようになっていったのである。

いくつもの変化があった

十八才で高校を卒業して就職。仕事は電気メーターの指針を調べて歩く検針員だった。電気メーターの検針は、大阪も和歌山に近いたまねぎ畑に囲まれた一軒家に暮らすようになった八十才頃には、そんな所でもテレメーターとなった。毎月見かけていた検針員は来なくなった。リモートで電気メーターの指針を読み取れば使用量がわかる。

検針員が来るのは、水道メーターとガスボンベの使用量の読み取りだけになっている。

六十年ぶりの京の将軍塚も変わっていた。

二十才だった六〇年安保反対の嵐の頃、大学の授業が無くなって、河原町広小路にあった立命館大学のキャンパスから連夜のデモに参加した。河原町通から四条通に進み、円山公園で流れ解散をした。そのあと、デモの緊張から解放された仲間たちと、歩いて将軍塚に登って京の夜景を眺める。それが定番だった。

八十才を超えたいま、歩いて登った将軍塚には、甥の芳博が運転する車で行った。

麓にある青蓮院が、元は北野天満宮の前にあった大正時代の木造大建造物で、柔道と剣道の道場として知られた武徳殿を「青龍殿」として移築再建している。青龍殿には清水寺の舞台の約五倍の木造の大舞台ができていて、京都市内を展望できる。

本書に記したのは主に一九八五（昭和六十）年頃までのことであるが、それは情報化を目前にした時代のことだった。この原稿を書いている時点からおよそ四十年以上も前のことである。いま暮らしのなかに普及している宅配便やコンビニも、ようやく登場しはじめた頃である。町なかの自動販売機もペットボトル入りの水も、まだあまり見かけなかった。

日本も世界も、本格的な情報化社会へと変化しはじめる時代だった。ビデオはテープ録画で、電話はプッシュホンと自動車電話が珍しい時代である。ごく初期の日本語ワードプロセッサ（ワープロ）が登場した頃である。

誰もがスマホを持ち、ネットで情報交換し、リモートでミーティングをするなどとは想像できなかった。

私には本書で記した時代のあとも、四十五才から八十才を過ぎる現在までの半生が続く。その一部はすでに後日譚に記したので、それらは省いて、心に残る今日までの出来事を映像を早送りするように記しておきたい。

鳴門で十年の日々

東京から鳴門に移って十年過ごした。その間に、米国ワシントンDCの世界銀行本部に出向いて途上国での私の取り組みを説明する晴れがましい機会があった。当時、鳴門教育大学で同僚だった村川雅弘さんがニュージャージー州立ラトガース大学に滞在していた。彼が車で世界銀行まで迎えにきてくれて、彼の運転するトヨタのカムリでニューヨークまでの約四百キロを四時間で走った。

その一方で、台湾師範大学（NTNU）から、日台の科学教育交流の一環として三度のセミナーに招待された。JICAがフィリピンで理数科教育の技術協力に取り組みはじめる頃である。京都に移動した後を含めて、フィリピンには援助先拠点のフィリピン大学をはじめ、各地に十数回の短期出張を繰り返した。インドネシアのジャカルタでの一年間の長期滞在も経験した。

一九九五（平成七）年、阪神淡路大震災の春、鳴門の十年を終えて京都教育大学に転出した。それに先立って、大阪大学の人間科学部に出した論文で念願だった博士号を取得した。授与式では息子のような人たちに混じり、五十半ばの私は気恥ずかしい思いがした。

京都教育大学への転出は山川信晃教授の定年に伴う後任人事で、同教授にはお世話になったが、もちろん全国公募を経てのことである。

国内の大学に在職して講義とゼミを担当しながら海外での仕事ができたことには、自分でも驚くほかない。事務を担当し不在を守ってくれた杉原恭子さんをはじめ職場の仲間や同僚などにも、多大の迷惑をかけたに違いない。

生まれ育った京都での八年間の大学勤務は落ち着いたものにしたかったが、その思い通りにはならなかった。

相変わらず続いた海外での仕事

二度目の英国行きで北部エジンバラ大学のアフリカ研究所にも滞在した。ロンドンに戻ってＪＩＣＡの英国事務所を訪問したとき、英国政府の国際開発庁（ＤＦＩＤ）に出向いて、アフリカの科学教育担当の専門家として知られるテリー・オルソップ氏と議論を繰り返したこともあった。英国が長年継続してきた教育分野の援助事業は英語教育を除いて打ち切るというのは、鉄の女サッチャー首相が出した方針によるとのことだった。

ケニアに二度、タンザニアと南アフリカにも一度、一人で出かけた。最初のナイロビ滞在のとき、サファリ・カーでサバンナを丸一日走ってアンボセリ国立公園に行った。野生のキリンや象の群れよりも、夕陽のキリマンジャロを眺めることができたのが心に残る。

宿泊したロッジから近くのマサイ族の村に行った。村長に頼んで、広いサバンナのなかの木が一本だけの学校と子どもたちを訪ねた。話には聞いていたが、現場を自分の足で歩いたことは強烈な記憶になっている。

二度目のケニア行きのとき、広島大学を定年退官された武村重和氏が現地でＪＩＣＡの技術協力のリーダーをしておられて、私にも参加するよう強く請われた。しかし、すでに私はアジア地域に馴染みができていて、丁重にお断りするしかなかった。

このとき、私が四十代で交流を始めた内海成治がナイロビに、日浦賢一がタンザニアの奥地イリンガに滞在していて、この二人にはお世話になった。教育協力の専門家の道を歩んでいた二人に、遠くアフリカで久し振りの再会をしたのだった。行程の半分に当たるイリンガからキリマンジャロの麓のモシを越えるナイロビまでの二千キロを日浦賢一とともに四輪駆動のニッサン・パトロールで走破した。これが六十才の記念の旅だった。

いま手許に公的に証明するものは無いが、この内海、日浦、そして私の三人が教育協力、特に科学教育の国際協力に取り組んだ嚆矢《こうし》（「はじまり」の意）である。内海は京都大学農学部を卒業して教育学部に学士入学。そののち東京で視聴覚教育の協会で働いていた。日浦は東京学芸大学の附属大泉高校で物理の教師をしていた。この二人が私とほぼ同じ時期に、内海はマレーシアのＲＥＣＳＡＭに、日浦はフィリピン大学の理数科教育センターＵＰＳＥＣに派遣されたのである。

内海は、後にＪＩＣＡの専門員を経て大阪大学に転出し、その後は国際協力を専門とする研究者となって、その人徳もあって後進を育てることに取り組んだ。もっぱら調査データを集め論文を作成する方向へと進んで、私とは志向が異なることになった。日浦はＵＰＳＥＣでＪＩＣＡの長期のプロジェクト技術協力に携わって、のちにタンザニアに長期専門家として派遣されるという経過をたどった。

二〇二〇年に世界に広がった Covid-19 のコロナ禍の後も手の汚れる科学教育の協力活動に取り組んでいるのは、私一人となるのである。

定年後も海外に。そして「紅葉の頃に出て、桜の頃に帰国する」

京都で定年退職して一週間もしないうちに、スリランカに愛車のトヨタ・クルーガーとともに出向いて三年間滞在。いったん帰国した後は、一年後にバンコクに二年間滞在した。

大宮通の淳風小学校前で開業していた歯科医院を拡張した本多隆彦は、私がバンコクに二年の滞在をしている六十七才のとき、短い患いで病死した。質屋を営んでいた寡婦の母親が、彼を堀川高校から大阪歯科大学に進学させた。中学校で同期の平野護も同じ経過をたどって、同期生の二人が歯科医となった。小学生の頃からの付き合いである本多とは、郁文中学三年の中嶋学級で再び一緒になり、その後も長い交流を続けていた。小学生が質屋だった家に出入りして、芝野弘が一緒になって質流れの牌で素朴なマージャンを経験した仲だった。

東山蹴《け》上《あげ》の都ホテル（現・ウェスティン都ホテル京都）での本多の盛大な結婚披露宴では、彼の母親に請われて、おっちょこちょいの気風が抜けきらない私が司会をした。そのずっと後に彼の治療を受けていた郁男兄が、彼の死去をバンコクにいる私に電話で報せてきたのだった。葬儀に小学五年生から二年間担任をした高齢の吉田治子先生も出席されたことは、帰国後、同級生の山路清治から聴いた。

もう七十代になっていたが二〇一二（平成二十四）年から、バンコクを北に約八十キロの古都アユタヤの地域総合大学（ARU）の科学技術学部に研究室を開設してもらい、現在まで維持している。これは京都教育大学の佐々木真理《なおまさ》氏の仲介のおかげである。

そこを拠点に、近隣の学校と先生たちに数多くの研究集会を実施し続けた。七十六才になった二〇一六年、同大学から名誉博士号が授与されることになった。学長をはじめとする多数が付き添ってバンコクの王宮に出向き、二千人のタイの学生の前でワチラロンコーン皇太子（現・国王）が手交してくださる栄誉に浴した。

これはＡＲＵで私を最初に受け入れてくださったブラパティット学長と後任の複数の学長、いまも健在なジュラサック副学長、それにナッパワンとワチラの二人の女性教官が、私の滞在と取り組みの手助けを続けてくれた賜物である。

東京暮らしをしていた四十三才のとき来日したタイのトンチャイとは、既に記したように科学教育の専門家として、その後も長い交流を続けてきた。

八十才になる私が、彼が所長をしたバンコクのＩＰＳＴの一室で実験に取り組んでいたある日、トンチャイが所用で研究所を訪れ、久し振りの再会をして長き友情を確かめ合った。

また、彼が初代校長を務めたタイのトップエリート高校のＫＶＩＳサイエンス・アカデミーのことも印象に残っている。既に書いたように、彼の要請で七十五才の老書生の私が、同校開校第一期の十五才の高校一年生たちを教える半年間の授業を受け持った。青二才で高校教師になってから五十年が経過していた。

タイの各地から選抜された男女の生徒たちは、みんなネイティブに近い英語を不自由なく使う英才たちだった。同校は、すでに数回の卒業生を出し、生徒たちは日本でも、また欧米の有名大学でも学んでいる。

二〇二〇年、平成が令和になって二年目のこと。八十才になる私はバンコクのＩＰＳＴに滞在していた。この年は、年明けからコロナ禍が広がり、世界中がパンデミックになっていた。このときトンチャイに再会したのは前に記した通りである。

その二月のこと。相変わらずＩＰＳＴの一室に通って実験機材の点検に没頭していた。そこに元所長のナリーと元副所長のラビワンの二人の女性が、大きなケーキを持ってきた。八本のキャンドルに灯《ひ》をともし、居合わせた旧知のナロン氏をはじめ数人の職員たちと一緒に八十才を祝うケーキを頬張った。

写真 24　C・トンチャイ氏と 80 才の筆者

トンチャイは 1977 年、筆者が 37 才のとき米国メリーランド州立大で一緒にカメラに収まり、1983 年、筆者が 43 才とき初来日した。その後も交流は続いた。写真はコロナ禍のさなかの 2020 年 3 月、滞在していたバンコク IPST で再会したときのもの。

「紅葉が色づく頃に日本を出て、桜の頃に帰国する」、これが十年も続いていた。そして、このときの帰国は三月中旬の予定だった。ところが、コロナ禍のために予約便が相次いで欠航した。なんとか別の航空会社の便にビジネス・クラス一座席を確保できた。台北の桃園空港まで来て夜を明かし、航空機を乗り継いで、かろうじて関西空港に帰着した。

コロナ禍と日本国内でのこと

国連教育科学文化機関（ユネスコ）のバンコク事務所。ここはアジア・太平洋地域をカバーする事務所である。ここに数年前に世界の潮流に対応する新しい科学教育の「STEM《ステム》教育センター」が開設された。

そのセンターのポンパン所長からの強い要請を受けて、バンコクから帰国した後、同センターの上級専門家（シニア・エキスパート）を拝命した。八十才を越えていたが改めて英文の履歴書（CV）を提出し、その審査を経て科学教育分野の現役を務めてきた。

コロナ禍が広がりはじめていたバンコクから何とか帰国したが、楽しみにしていた選抜高校野球のない春となった。日本で二度目の開催となる東京五輪も一年延期される事態だった。企業の多くはリモート・ワークを導入し、小中学校、高校、そして大学でも、教室での授業からオンライン授業に切り換えるのが珍しくなくなった。

そんな矢先、前記のポンパン女史から電子メールが届いた。タイ国内の先生たち向けに科学教育のワークショップを計画し実施して欲しい、との要請である。それを受けて、ただちに泉佐野の自宅とタイの間で十数回のリモートのミーティング、何十回ものメールのやり取りをした。そして十か月の準備を経て、リモートでワークショップを実施する運びとなった。

それが二〇二二（令和四）年三月の一か月間、タイ国内の小中学校三十四校の七十数名の先生たちを対象にした三十時間を超える研修プログラムである。

　私が居住する泉佐野の自宅、バンコクのユネスコ事務所、そしてタイ国内に点在する三十四か校の学校をネットで結んでリモートで実験作業をする。これには実際、悪戦苦闘した。

　私が英語で実験の仕方を説明する。それをバンコクに待機しているチュラロンコン大学の物理担当のブリン准教授がタイ語にして参加者に伝える、というやり方である。もちろん日本語は使えない。ブリン准教授と私のやり取りは英語である。

　この方式は参加者たちにとって、まったく新しい素材で料理を作り、それを味わうテレビの料理教室のようなものだった。とても困難な、それゆえに私には渾身の力を込めたやり甲斐のある仕事だった。

　泉佐野の実験室で機材を準備し、和泉工業高校二期生の梅本仁夫《ひとお》が助手役を務め、ライブでビデオカメラを操作してくれた。彼がいたからこそ、このプロジェクトが実施できた。

　このワークショップで扱った題材は、当然ながら国際レベルで通用することを目指したものである。この取り組みを紹介した本を『未来のイノベータを育てるＳＴＥＭ《ステム》教育』の書名で二〇二三年三月にＰＨＰエディターズ・グループから刊行した。この本づくりに一年を費やした。本書を手にされる方にも同書が参考になればさいわいである。

　ここまでの取り組みを知ると、人は「そうなるまでには、さぞや苦労されたことでしょうね」

と言ってくれる。しかし、そうではない。私は好きなことをしてきただけである。幼い頃はチビで病弱だった。それでも、これくらいのことはできる。そして、これからも挑戦を続けたいとさえ思っている。

日本の子どもたちや若い世代の人たちにも、このことを知って欲しい。それをわかってもらうには、土台となった幼少期のことから話さなくてはならない。その思いから、本書ではありのままを記したのである。

私の周辺のこと

泉佐野に住居を構えて二十年を超える。その住まいに隣接して、小さいながら二階建ての研究所を開設している。その一部が「りんくう青空文庫」で、近隣の子どもたちに開放してきた。中学生の頃「ミカン箱の本立て」に保存したのを皮切りに増え続けた図書に、伊藤忠記念財団から「子どもの本購入」の助成を受けて揃えた本を加えることで「りんくう青空文庫」の蔵書を充実することができた。年に何回か地域の子どもや先生向けに開催している実験機材を使う「科学教室」とともに、近隣の人たちに使ってもらってきた。

コロナ禍が収まりはじめた二〇二三（令和五）年の春浅い頃のこと。

京の松原通の電機店に住まいしている郁男兄のお嫁さん、九十五才になるマーちゃんから、私に一通の書状が届いた。手書きの文面に一枚のコピーが添えてあった。

郁男兄の上、つまり私の長兄の芳男兄は、終戦の一週間前に九州の築城海軍航空隊で戦死している。書状には、その戦死した長兄の弔慰金が母に支給され、母の死後は郁男兄が受け取ってきたことと、郁男兄は平成最後の年の大晦日に九十三才で病死し残る兄弟は私だけなので、このことで八十三才になる私に受け取りの権利ができたことが記してあった。

マーちゃんから書状が届いたのは芳男兄の戦死から七十八年後のことである。私が芳男兄の実弟であることを証明するのには大変に手間取って、何か所も役所をタライ回しされた。

芳男兄は二十才で戦死し、その若い身の犠牲によって戦後の母と私たちの暮らしを陰ながら支えてきてくれたのである。いま八十才を越える私に年に五万円の弔慰金が届く。決して、おろそかには使えない。

私の上には、もう一人の弘和兄がいた。この兄は、まるで映画「男はつらいよ」の寅さんで、早くに家を出て行方不明が続くことがあった。前触れもなく松原の家に戻ってくると、真面目な郁男兄と衝突した。大柄な二人の取っ組み合いを小さな私はハラハラして見ているだけだった。

その弘和兄は、他家に養子に入って短い暮らしをしたあと離別し、また郁男兄の怒りを買った。しかし、そのときも兄嫁のマーちゃんが実に心のこもったとりなしをしてくれた。その後は、危機を乗り越えると、とても良い再婚相手に恵まれ平穏な暮らしが続く人生になった。弘和兄夫婦はすでに他界したが、残した二人の娘がいる。姉の祥代《さちよ》は高校教師、妹の雅恵《まさえ》はスタイリストとして活躍している。

母の実家は奈良の橿原市。いまは町名に変わったが、以前は「新口村」と言っていた所で、かなり手広く農家をしている。戦争中も戦後の一時期も、私は食糧難の京の松原通の家を離れ、その母の実家に何度も疎開した。

八十才を越えてコロナ禍が続いた。飛行機便が途絶えタイ行きができなくなった時期に、これまでの長い間の無沙汰を詫び、幼い頃にお世話になったお礼に、たいへん遅まきながらだったが母の実家を訪れた。

近鉄の「新ノ口」駅。ここは幼い頃に母の実家に行くとき、母と一緒に乗り降りした小さな駅だった。

京都駅から近鉄橿原線（当時は奈良電）の急行に乗ると、奈良中心部の大和西大寺《やまとさいだいじ》駅を過ぎて、田原本《たわらもと》駅まで約一時間かかる。ここで橿原神宮行きの普通に乗り換え、二つ目が「新ノ口」駅である。

母は高齢で病気になると、五条通の西大路近くの京都市立病院に入院した。私は昼間の勤務を終えて、病没するまで約一か月間は病室に泊まった。せめてもの親孝行のつもりだった。

入院して間もなく、まだ話ができる状態のとき、新口の村では自分がはじめて女学校に通うことになった、一メートルの竹の鯨尺《くじらじゃく》を背にして、田原本技芸女学校まで毎日歩いて一時間の田舎道を行き来した、と言う。本や映画で広く知られるようになった『橋のない川』の作者、住井すゑさんとは同級で、「おすゑさんは、文章がとても上手だった」などと遠い故郷を思い浮かべるような表情で話をした。

近鉄電車橿原線「新ノ口」の駅舎は、小振りな近代的なものになっていた。しかし、少し歩くと幼い頃と変わらない大和盆地の田園が広がって、遠くには二上山《にじょうさん》が見えた。疎開していた幼児のとき、母の弟に当たる福本清さん夫婦に愛子、勝己、勝信、洋子の四人の子どもがいた。私は勝己と勝信の間の年齢で、勝信と洋子は年下だった。その愛子さんは高齢者ホームに入り、勝信さんは、すでに他界している。

私が母の実家を訪問したとき、老いた勝己さん夫婦と、私の訪問を聞きつけて嫁ぎ先の耳成《みみなし》山《やま》から駆けつけた洋子が歓待してくれた。

四方山話のなかで、松原通の家のことや弘和兄のことが話題になった。意外にも弘和兄は、大和のみなさん方には、とても良い印象を持っていただいている。それを知って心の底から嬉しい思いがした。

そのことを松原通の家にいるマーちゃんに伝えると、高齢ながら矍鑠《かくしゃく》としている彼女もおおいに喜んだことだった。そして郁男兄が病没する前に「弟の弘和には、やさしくしてやったらよかった……」と、つぶやいたという。マーちゃんは松原通の小さな電機店にとって、かけがえのない人なのである。

これより十年前のことになるが……。

二〇一一（平成二十三）年二月、私が七十一才でカンボジアのシェムリアップに滞在中のことだった。日本の冬季を暖かいアンコールワット遺跡を歩く一人旅で過ごしていた。

その夜の夕食は、ゴムサンダルで出かけたパブ・ストリートの屋台だった。半ズボンのポケットに入れていた当時の二つ折れノキアのケイタイが鳴って、京都の伏見にいる次男が初孫の誕生を報せてきた。異国のわびしい夜に、飛び上がるほど嬉しい電話だった。

その初孫の愛梨咲《ありさ》は、この原稿を書いている年、二〇二四（令和六）年春に中学に入学し、嵐山の十三まいりを済ませている。なんとも月日の経つのは早いものである。

父親代わりをしてくれた郁男兄は平成最後の年、二〇一九年の大晦日の夜に九十三才で病没した。几帳面な性格を印象づけるようなタイミングでの逝去だった。生前には小さな電機店の家屋を買い取って、後顧《こうこ》の憂いを無くしておいてくれた。

その後、甥の芳博と修の二人は店を大改装した。以前から計画を温めていたようで、松原通

写真 25　現在の松原通
大宮通から東に入った土曜日の光景。通りの先で堀川通と交差する。右側の電柱の立っている所が大隅電機店（2024 年 5 月撮影）。

写真 26　現在の大隅電機店
間口の狭さは以前と変わらない。向かって右隣に久保のおばさんの下駄屋「桃太郎」さんがあった（2024 年 5 月撮影）。

からは小さな喫茶店のようにも見える。洒落たドアを開けると、狭いながら応接スペースができている。

父が始めた小さな電機屋がここまで維持できたのは、この二人とマーちゃんたちの献身だけではない。松原通の向こう三軒両隣とご近所の方たち、長くご愛顧いただいてきた方々、そして業界各位のご支援のおかげである。

本書は四、五十年も以前の私の思い出や経験をもとにしている。その間にアジア各国は目を見張る近代化と経済成長を成し遂げている。国情の発展には目を見張るものがある。教育事情も格段に革新が進んでいることを断っておきたい。

四十年以上もアジアとの現地交流を続けることができたのは、鳴門教育大学在籍のときに受け入れた留学生の一人、タイのバットソーンがいてくれたからだった。彼女は帰国して王立ラジャモンコン工科大学の教官に戻ったが、オーストラリアのパースの公立マードック大学にタイの国費で留学して博士号を取得している。バンコクのドンムアン空港近くのパトンタニに居住していて、アユタヤへのアクセスにも好都合で、現地で車を持たない私の足となって、いまだに陰ながら支えてくれている。

いまは長い旅路を経てきた感じがしている。手許に、すっかり傷つきオンボロになったサムソナイトのスーツケースがある。何度修理をしても次第に使えなくなってきた。ずっと以前、三度目に張り切って渡米するとき、京都の四条河原町の髙島屋で買ったものである。その後、スーツケースは四代目になっている。

家内の久美子は、京都府下の公立高校校長として定年退職した後も書道を続け、「翠苑」の名で日展に三十回入選、同会友となり、新書派協会顧問を務める。おかげで、京に生まれた「いたずらっ子」は、思いもしない出来過ぎの日々を過ごしてきた。彼女には小さなメキシコ・オパールだけでは、とても感謝しきれない。

おわりに

この本を書きたかったのには別の理由もある。

それは貧しさが続いた戦後のまっさらの民主教育が、私にはいかにありがたかったか。このことである。私は思わぬ経過を経て科学教育分野の専門家の一人となった。世間では、特に海外では、なんとかその顔で通用するようにもなった。

新しく知り合いになった人たちは、「恐らく、たっぷり親の財産でもあって、勉強に励んだことは別として、裕福に悠々と大学生の日々を過ごしたに違いない。とても恵まれた人だ。教育の専門家となっても当たり前だ……」と思われているようだが、もしそうなら正統派の人である。

しかし私は、この思い込みとは真逆の経過をたどった。だから異端児である。この『京に残した忘れ物』で、これを書きたかったのである。たとえ異端児でも世界に通用する教育の専門家になる道があった。そんな可能性があったことには感謝したいし、その実例の一つを示したかった。

いかに先生一人ひとりが元気で明朗で個性的だったか。貧しくとも泣き言を言う先生などは誰一人いなかった。校長も教頭先生もおおらかで、むやみに個性的な先生を締めつけるようなことはなかった。それが戦後教育の特色だった。

私の訪ね歩いたアジアの国々の多くの学校には、貧弱で困難を抱えていても、この雰囲気が漂っている。だから何度も気持ちよく出かけ続けてきたのである。

問題は、この特色が今後の日本でも続くかどうかである。本書で、その問いかけをしたかったのである。

本書をまとめることができたのは、長い間ご交流くださってきた多くの方たちのご厚情によるもので、心から感謝している。

また、多数の方のお名前を断りなく、敬称をつけないで使わせていただいている。お世話になったのに、お名前を落としている方もあるかと思う。まことに勝手ながら、ここで謝して、ご了承をお願いしたい。

この「あとがき」に少し記した鳴門時代以降は、また波乱に満ちたものになった。そのことは本書とは別に「アジアに残してきた未来――ある国際教育協力専門家の足跡」（仮題）として、途切れながらも筆を進めたいと思っている。

最後に、本書の刊行に取り組んでくださった文藝春秋企画出版部の嶋津弘章氏と関係各位にお礼申し上げたい。私の原稿に丁寧な推敲を加え、熱心なアドバイスをしてもらった。同氏が京都大学で学び、京都で下宿して学生時代を過ごされたこともあって、特に本書の前半部分では、氏と京都の思い出が重なることもあったに違いない。それだからというのではないだろうが、とても努力をしていただいた。ここに記して心から感謝したい。

著者プロフィール

大隅紀和（おおすみ・のりかず）

1940（昭和15）年、京都市下京区生まれ。市内の公立小中学校、高校を卒業し電力会社に就職。1年後に立命館大学二部（夜間）に通う。卒業半年前に会社を依願退職。大阪府内の新設工業高校に赴任し、同時に大阪市立大学二部に学士入学。1967（昭和42）年、京都市教育委員会・青少年科学センター建設に従事、完成後、4年半勤務、その間、2度の短い渡米を経験する。1973（昭和48）年、文部省国立教育研究所に転出。科学教育の教材開発に従事。3度目の渡米と初の欧州での科学教育調査の後、国連教育科学文化機関（UNESCO ユネスコ）からの派遣でマレーシア、ネパールなどで国際集会や多彩な活動を経験。国際協力事業団（JICA ジャイカ）からの要請などでも海外派遣が増える。1985（昭和60）年、鳴門教育大学に転出。10年後に京都教育大学に。2003（平成15）年、定年退職。京都教育大学名誉教授、上海師範大学（SHNU）客員（客座）教授。2020（令和2）年、タイ・バンコクのユネスコ・アジア太平洋地域教育事務所・STEM（ステム：注記参照）教育センターの上級専門家（シニア・エキスパート）に81才で就任。タイ国アユタヤ地域総合大学（ARU）名誉博士、日本科学教育学会名誉会員。博士（人間科学）。自宅に隣接して OES（教育）研究所を開設。バンコクなどとリモートで交流を継続。日本国内では、地域の子どもや先生向け科学教室のボランティア活動に取り組んでいる。近著に『未来のイノベータを育てる STEM 教育』（PHP エディターズ・グループ、2023年刊）がある。メールは oesoes@maia.eonet.ne.jp

注記：STEM とは英文の科学（Science）、技術（Technology）、工学（Engineering）、数学（Mathematics）の頭文字。これに芸術・リベラルアーツ（Arts）を加えて STEAM 教育とすることがある。

京《きょう》に残《のこ》した忘《わす》れ物《もの》
京《きょう》のいたずらっ子《こ》、世界《せかい》を駆《か》ける
教育協力専門家《きょういくきょうりょくせんもんか》・半生記《はんせいき》

二〇二五年二月十四日　初版第一刷発行

著者　大隅《おおすみ》 紀和《のりかず》
発行　株式会社文藝春秋企画出版部
発売　株式会社文藝春秋
〒一〇二―八〇〇八
東京都千代田区紀尾井町三―二三
電話〇三―三二八八―六九三五（直通）

印刷・製本　株式会社 フクイン

ISBN978-4-16-009075-0